韓国併合と同祖神話の破綻

「雲」の下の修羅

本山美彦

御茶の水書房

韓国併合と同祖神話の破綻　目次

目次

韓国併合と同祖神話の破綻

――「雲」の下の修羅

はじめに

二〇一〇年は、日本による韓国併合一〇〇周年に当たる年である。日清、日露という二つの戦争を経て、韓国を日本の植民地として組み込んだ韓国併合こそは、その後、日中戦争、太平洋戦争に向かって、日本が破滅の道をまっしぐらに走って行くことになった原点である。日本人が、当時持っていた「日本精神」とは一体何だったのかと自省しなければならない非常に大事な節目が二〇一〇年である。この大事な二〇一〇年を挟み、三年に亘って、司馬遼太郎の「坂の上の雲」が、NHKの日曜日のゴールデン・アワーで放映されることになった。日本に侵略された地域の人々の憤激を買ってまで、この時期に、韓国を巡る二つの戦争を遂行していた当事者たちを賛美する青春ドラマを放映するNHKの狙いがどこにあるのかは不明だが、これでまた、日本には、過去の戦争を聖戦であったとする宣伝が吹きまくることになるのだろう。

「このながい物語は、その日本史上類のない幸福な楽天家たちの物語である」、「楽天家たちは、そのような時代人としての体質で、前をのみ見つめながらあるく。のぼってゆく坂の上の青い天にもし一朶（いちだ）の白い雲がかがやいているとすれば、それのみをみつめて坂をのぼってゆくであろう」（司馬［二〇〇四］、第一巻「あとがき」、四四八〜四九ページ）。

言葉の使い方に統一がないことはまだ許せる。許せないのは、史実であると読者に広言しながら、そのじつ、小説の架空の世界を展開する詐欺である。

「この作品は、小説であるかどうか、じつに疑わしい。ひとつは事実に拘束されることが百パーセントにちかいからであり、この作品の書き手——私のことだ——はどうにも小説にならない主題を選んでしまっている」（司馬［二〇〇四］、第四巻「あとがき」、四九九ページ）。

この文章を読めば、私たちは、『坂の上の雲』が、史実に忠実に書かれた歴史物であると、素直に信じてしまう。実際、史実とは何かということを確定することは難しい。沖縄の普天間基地撤去運動を例に引こう。二〇一〇年の今日、沖縄基地反対運動が日本の全国で盛り上がっている。逆の基地必要論も右翼的知識人から盛んに流されている。つまり、二つの異なる論調が今の日本には存在している。ところが、将来、例えば、二〇三〇年になって、過ぎ去った二〇一〇年前後の沖縄の歴史を書く際に、ある作家が、マスコミの基地必要論のみを取り上げて、基地反対運動を無視し、あの時代には基地必要論が沖縄県民の心情であったという内容の小説を発表したとしよう。二〇一〇年時点で、確かに基地必要論もあったのだから、作家が、嘘の叙述を行ったわけではない。しかし、同時に存在していた基地反対運動を黙殺して、二〇一〇年を、基地必要論が支配していた時代であったと決めつけてしまえば、それはれっきとした詐欺である。司馬は堂々とこの種の詐欺を働いた。

本当に、日本には、日清、日露戦争に踏み切る以外の選択肢がなかったのかを、真摯に自省してみることが、二〇一〇年の今日には、とりわけ必要なことである。「あの時代はよかった」ではなく、「あの時代、東アジアを日本が地獄に叩き込んだ。どうすれば贖罪ができるのか」という自省が今の日本には求められているのに、「坂の上の雲」賞賛のオンパレードとは、何たることか。

遠くから日本を眺めていたネルーの次の言葉が、当時のアジア人の偽らざる心境を伝えている。

「（日清戦争の日本の勝利によって）朝鮮の独立は宣言されたが、これは日本の支配をごまかすヴェールにすぎなかった」（ネルー［一九九六］、一七〇ページ）。

「日本のロシアにたいする勝利がどれほどアジアの諸国民をよろこばせ、こおどりさせたかを、われわれはみた。ところが、その直後の成果は、少数の侵略的帝国主義諸国のグループに、もう一国をつけくわえたというにすぎなかった。そのにがい結果を、まず最初になめたのは、朝鮮であった。日本の勃興は、朝鮮の没落を意味した」（同、一八一ページ）。

当時の日本にも、朝鮮にも、足を踏み入れたことのないネルーですら、このように事態を正しく見抜いていた。ネルーの透徹した眼とは対照的に、今の日本の保守的イデオロギーの持ち主たちは、朝鮮人民に与えた塗炭の苦しみへの贖罪の気持ちを一片も持ち合わせていない。持ち合わせていないどころか、罪は、清国とロシアに挟まれた朝鮮の地理的空間にあるとまで言い切る司馬の小説が、多くの保守的イデオロギーの持ち主たちの心を捕えている。朝鮮を他の強国に取られてしまえば、日本は自国を防衛するのが困難になっていたとの主張を展開した『坂の上の雲』関連の書籍が書店で平積みされている。

一　ＮＨＫの司馬遼太郎特番に呼応する風潮

司馬を使ったＮＨＫの狙いは成功している。「日本的なもの」を復古させ、その上で軍事力強化による「安全保障」という使い古された国民世論形成の仕掛けが、保守を標榜するジャーナリズムで大規模に作られているからである。

例えば、佐伯啓思（けいし）は言う。

坂本龍馬や秋山好古・真之兄弟を扱かったＮＨＫ大河ドラマは、行き詰まった幕末に、「めずらしく大きな構想力と行動力をもった若い下級武士たちが現れ、『国の将来』を憂えるその純粋な行動力が、旧態依然たる支配体制を覆して新生日本をうみだした。それに続く先見の明をもった明治の指導者たちは、アジアの植民地化をもくろむ列強の中にあって、日本を列強と並ぶ一等国にまでもちあげた」、「明治の近代国家形成は、世界的視野と健全な愛国心をもったすぐれた政治指導者によってなされ、近代日本の栄光の時代であったが、昭和に入って、軍部の台頭と過剰な愛国心によって日本は道を誤った」という「ものがたり」である。

佐伯はさらに言う。

（佐伯自身は）「この『ものがたり』を認めるのにやぶさかではない」、しかし、事実は、「列強と肩を並べれば」、

「列強との摩擦を引き起こす」、「いずれは列強との戦争になる」という事態を出来させた。急激な「西欧模倣型近代化の帰結は」、「列強との強い軋轢を生み出し、他方では『日本的なもの』の深い喪失感を生み出していった。その両者が相まって、強烈なナショナリズムへと行き着くのである」、「われわれは、国の方向が見えなくなり、自信喪失に陥ると、しばしばこの『ものがたり』を思い起こそうとする」、「それはそれでいいのだが」、しかし、「（それだけでは）困る。西欧型の近代化と、『日本的なもの』の喪失というテーマは、今日でも決して消失したわけではないからである」。

佐伯の文章は、慎重に言葉を選び、「あの若くて元気で希望に燃えた日本を思いださせてくれる」単純さを戒め、戦争という歴史の冷徹な「論理」を強調する。しかし、その実、「複雑」思考を装いながら、佐伯の叙述は、「日本的な」復古への必要性を訴えるという構図の論調になっている（佐伯［二〇一〇］、二面）。

このような構図の文章は、軍事力強化という「冷徹な論理」を復古的思潮状況の創出によって人々に意識させようとする保守的ジャーナリズムが好んで使用する常套手段である。

軍事力強化の冷徹な論理を訴える渡辺利夫の文章も、上の文章と同じ日に発表された（渡辺［二〇一〇］、九面）。

「（政治指導者に求められるのは）平時にあってはきたるべき危機を想像し、危機が現実のものとなった場合にはピンポイントの判断に誤りなきを期して恒常的な知的錬磨を怠らざる士たること、これである」、「開国・維新から日清・日露戦争にいたる緊迫の東アジア地政学の中に身をおいたあまた指導者のうち、位を極めたものはすべてがこの資質において傑出した人物であった。象徴的な政治家が陸奥宗光である」、「三国干渉という煮え湯を飲まされるまでの、国家の存亡を賭した外交過程を凛たる漢語調で記した名著が『蹇蹇録』である」、「三国干渉」が、「軍事力の相違」の結果であることを「国民にめざめさせ、『臥薪嘗胆』の時代を経て日露戦争へと日本を向かわしめたのも往事の政治指導者の決断であった」。「進むを得べき地に進（む）」という陸奥の言葉を渡辺は非常に高く評価する。その上で、緊迫したアジアの軍事情勢下では、「『進むを得べき地』は」、「世界最大の覇権国家米国との同盟以外にはあり得ない」と断じ、「日米同盟は」、「有事に備えるための地域公共財でもある。日米同盟なき東アジアはいずれ中国の地域覇権システムの中に身をおくことを余儀なくされよう」と渡辺は断定する。

佐伯の屈折した文章とは対照的な単刀直入的な渡辺の文章は、佐伯よりも明確に、冷徹な軍事力の必要性を打ち出している。

陸奥宗光（むつ・むねみつ）の『蹇蹇録』（けんけんろく）の表題は、「心身を労し、全力を尽して君主に仕える」という意味の『易経』にある「蹇蹇匪躬」（けんけんひきゅう）から採られたものであることと、『蹇蹇録』には、次の文言があることを付言しておく。

「この際如何にしても日清の間に一衝突を促すの得策たるべきを感じたるが故に、（一八九四年）七月一二日、大鳥公使に向かい北京における英国の仲裁は已に失敗したり、今は断然たる処置を施すの必要あり、いやしくも外国より甚だしき非難を招かざる限り何らの口実を用ゆるも差支えなし、速やかに実際の運動を始むべしと電訓せり」（陸奥［一九八三］、七三ページ）。

このレベルの低い文章を見ると、私などは、とても、陸奥を「資質において傑出した人物」であるとは思われない。むしろ、このような政治的指導者を戴いたことを心から恥ずかしく思う。

事実関係を説明しておこう。一八七五年、明治政府は江華島（Kanghwa-do）に艦砲射撃を行った。江華島事件である。実は、江華島に対しては、日本よりも米国が先に攻撃していた。米国は、一八七一年に同島に艦砲攻撃を行っていたのである。理由は不明だが、この時に、日本は長崎港を米国側に艦隊の出撃基地として使わせた。米国艦隊は朝鮮の防衛線を破ることができずに撤退したのであるが、その四年後、日本が同島を攻撃している。その際、米国側から同島周辺の海図の提供を受けた。明治政府は、国交がなかった国に何の予告もなく近づき、朝鮮側から砲撃されたので応戦したと説明してきたが、それは挑発以外の何ものでもなかった。この事件のあった翌年の一八七六年、日朝修好条規が結ばれた。それは、朝鮮を開国させる不平等条約であった。この条約は、当時の欧米が日本に押しつけていた条約よりも、はるかに朝鮮側に対して不平等なものであった。日本と欧米との不平等条約は、関税自主権がなかったが、それでも、日本側は関税を外国からの輸入品にかけることができていた。しかし、日朝不平等条約は、関税そのものをかけることを、朝鮮には許さなかったのである（高井［二〇〇九］、七〜八ページ）。

それに反発した朝鮮軍は、一八八二年（壬午）に反日のクーデターを起こした。「壬午（Im-O）事変」である。これは、朝鮮の兵士と市民が、日本の公使館を襲撃した事件である。日本の業者が朝鮮米を買い占めて日本に輸出していたために米価が暴騰したことから、日本人への怒りが爆発したものと言われている。日本は、軍隊を派遣して乱を鎮圧し、その後、引き揚げたが、清は、守旧派と言われる閔氏（Minshi）政権の要請に応じて、国内の治安を維持すべく朝鮮に軍を駐在させた。

当時、清と朝鮮との関係は、朝貢体制であった。朝貢体制というのは、中国の皇帝を頂点とし、他国は、中国に頭を下げる宗属国という地位に甘んじるという関係を指す。しかし、こうした上下関係はあくまでも建て前であって、実際には、他国は独立を保ち、清からの指令を受けていなかった。しかし、壬午事変が、事情を一変させた。清は朝鮮の政治に介入するようになったのである。

これに反発したのが金玉均（Gim Ok Gyun）などのいわゆる開化派であった。彼らは欧米列強の力を借りて朝鮮を近代化させようとしていた一派であった。

この動きに日本が乗った。日本は軍を派遣して、開化派のクーデターを支持し、閔氏政権を打倒しようとした。これが、一八八四年の「甲申（Gap-Shin）政変」である。日本軍は、朝鮮王宮の景福宮（Gyeongbokgung）を警備したが、清の袁世凱（Yuan Shikai）軍の介入によって、日本軍は撤退し、クーデターは失敗した。一八八五年、日清間で天津（Tianjin）条約が締結され、日清双方とも軍事顧問の派遣中止、軍隊駐留の禁止、しかし、止むを得ず朝鮮に派兵する場合の事前通告義務、などが取り決められた（高井［二〇〇九］、九ページ）。

一八九四年（甲午）二月、「甲午（Gap-O）農民戦争」が発生した。民衆に根づいた新しい考え方（東学）に傾斜していた農民反乱であった。東学（Tonghak）とは、天を尊敬し、自らの心の中に天が存在するという朝鮮の古来からの思想を奉じる考え方であり、この思想に共鳴した民衆は、西欧と日本を排斥する運動に参加するようになって行った。

農民軍は、一八九四年五月三一日、全羅道（Jeolla-do）全域を占領した。追いつめられた朝鮮政府は、清に応援を依頼した。これに対して、明治政府は、「公使館と日本人居留民保護」を口実に出兵し、首都・漢城（Hanson. 現在のソウル）を占領した（高井［二〇〇九］、一四ページ）。

陸奥の日記にある一八九四年七月一二日の指示は、この甲午農民戦争と関連したものである。明治政府は、天津条約を盾に、止むを得ない状況が起こったとして出兵したのである。日本軍の出兵は一八九四年六月二日に閣議決定された。反乱軍は、日清両国の介入におののき、朝鮮政府と和解した。つまり、日本は軍を朝鮮に駐留させる口実がなくなった。

朝鮮政府は、日清両軍の撤兵を要請したものの、両軍とも受け入れなかった。一八九四年六月一五日、伊藤博文（ひろぶみ）内閣は、朝鮮の内政改革を日清共同で進める方針であるが、それを清が拒否すれば日本単独で指導するというシナリオを閣議で合意させた。六月二一日、清が日本の提案を拒否すると、伊藤内閣と参謀本部・海軍軍令部の合同会議で、いったん、中止していた日本軍の残部の輸送再開を決定した。英国が調停案を提示したが、七月一一日、伊藤内閣は、清との国交断絶を表明した。日清開戦の危機が一気に高まった。七月一六日、日英通商航海条約が調印され、英国が日本の側に立つことになった（ただし、この条約が公表されたのは、一八九四年八月二七日）。

このように緊迫した時期に外相の陸奥による上記の指示が出されたのである。それは、開戦の口実を探せという、とんでもない命令であった。陸奥の指示を受けた大鳥圭介（おおとり・けいすけ）公使は即座に行動した。七月二〇日、大鳥公使は、朝鮮政府に対し、朝鮮の「自主独立を侵害」する清軍の撤退と清朝間の「宗主・藩属関係」の解消について、三日以内に回答するように申し入れた。七月二二日夜、朝鮮政府は、「改革は自主的に行う」、「乱が治まったので日清両軍には撤兵してもらう」という当然の内容の回答を大鳥公使に渡した。

ただちに日本軍は行動を起こした。七月二三日午前二時、日本軍の二個大隊が漢城の電信線を切断し、朝鮮王宮の景福宮を占領した。そして、政府内の閔氏一族を追放した上で、閔氏によって追放させられていた興宣大院君（Heungseon Daewongun）を担ぎ出して新政権を樹立した。朝鮮の新政権から日本に清軍撃退を要請させるためであった。日清両軍が朝鮮内で衝突があった後、八月一日、日清両国は宣戦布告をした（藤村［一九七三］、参照）。

口実を設けて、清を叩く戦争を狙い通り起こすことに陸奥は成功した。しかし、その行為は、「資質において傑出」しているとは、とても言えるものではない。

日清戦争によって、朝鮮から清の勢力を排除した日本であったが、朝鮮の単独支配には成功しなかった。閔氏一族がロシアの支援を受けて朝鮮で復権してきたからである。それを阻止すべく、王妃の閔妃（Minsoong）虐殺事件が起こり（一八九五年一〇月）、親日政権ができた。親露、親日派による血みどろの内紛の後、一八九七年に、それまでの国王・高宗（Kojong）を皇帝とする新政権が成立し、大韓帝国という国号になった。そして、新政権は、一九〇〇年、ロシア人顧問を退去させ、日本に対しても新生韓国の中立維持の交渉を開始した。ロシアも一九〇一年に韓国の中立を保証する協議を日本に提起したが、日本はロシアの申し込みを拒否した。新たに国号を改称した韓国の単独支配を日本は狙っていたからであるのは言うまでもない。

一九〇二年に日英同盟（Anglo-Japanese Alliance）が成立する。英国からの全面的支援を受けることになった日本は、その翌年の一九〇三年、強硬姿勢で日露交渉に向かうことになった。韓国における日本の権益確保については、一切、ロシアに文句を言わさず、満州においては多少、ロシアに譲歩するというシナリオであった。交渉が決裂すれば、対露開戦に踏み切ることも視野に入れた交渉だったのだろう。事実、一九〇四年二月、日本は交渉を一方的に打ち切り、ロシアに宣戦布告をした（一九〇四年二月六日）。

対露戦争に踏み切る一方で、日本は韓国に軍を進めた。日露戦争に対して、ただちに局外中立を宣言した韓国に圧力をかけるべく、一九〇四年二月二三日に「日韓議定書」を締結した。さらに、八月、「第一次日韓協約」を強要して韓国の内政・外交のほとんどを、日本が掌握することになった。日露戦争を遂行する最中に日本は着々と韓国の植民地化を進めていたのである。政治に介入しただけではない。抗日闘争の強かった地区に対して、日本は、軍事的占領を行った。それだけではない。日露戦争を遂行すべく、韓国の各地で労役・物資の調達、土地の収容なども行ったのである。

日露戦争後のポーツマス講和条約（一九〇五年九月）によって、日本は、ロシアに、日本による韓国の単独支配を認めさせた。そして、一九〇五年一一月一七日、「第二次日韓協約」によって、韓国を完全に保護国化してしまった。保護国とは、国際法上、国家主権を無くした国のことである。ただし、保護国にしてしまうには、韓国と公使などを交換し合って外交関係を持つ諸国の同意を得る必要がある。日本は、米国のフィリピン領有、英国のインド領有を認める代わりに、韓国の保護国化を英米に認めさせたのである（高井［二〇〇九］、一二ページ）。

「第二次日韓協約」は、軍事的威嚇下で強要されたもので、無効であると皇帝の高宗が諸外国に働きかけていたことを理由に、一九〇七年高宗の廃帝、軍隊の解散を日本は強行した。当然、韓国人による抗日闘争は激化した。一九〇七年から韓国併合が行われる一九一〇年までのわずか三年間で、韓国人の義兵と日本軍との抗戦回数は、二八〇〇回を超えたという（高井［二〇〇九］、一二ページ、韓国併合までの経緯については、本稿、注9、参照されたし）。

二　時代と闘った二人の事例

保守主義的イデオロギーは、古今東西を問わず、悠久の古代の神話によって民族的アイデンティティーを鼓舞するものである。明治政府は、古代の神武天皇神話に復古しようとするイデオロギーを国体とした。それは、朝鮮を領有したいとの欲望が生み出したものであった。

その欲望は、紙幣にも表現されている。明治政府は、一八八三年に紙幣を発行した。人物像が印刷された紙幣としては、日本で最初のものであった。その人物とは、神話の神功（じんぐう）皇后であった。この人は、仲哀（ちゅうあい）天皇の皇后で、応神（おうじん）天皇の母である。『日本書紀』では気長足姫尊（おきながたらしひめのみこと）、『古事記』では息長帯比売命（おきながたらしひめのみこと）・大帯比売命（おおたらしひめのみこと）と記されている。神功皇后は、神のお告げによって、新羅（Silla）、高句麗（Goguryeo）、百済（Baekje）を征服したという三韓征伐を果たした神話上の女性英雄である。ちなみに、私が住む、御影石で名高い御影（みかげ）という地区名は、神功皇后が、三韓征伐の帰途、立ち寄った泉（沢の井）に自分の姿を写して化粧をした、つまり、み影を映された場所という神話から採られた地名である。

国家権力の象徴に朝鮮征伐の神話を表象化した点に、明治政府による朝鮮領有意思が見て取れる（中塚［二〇〇九］、一九二ページ）。

明治の初めにも、当時の日本にあった征韓論を批判する人がいた。中でも特筆すべきは、田中正中（せいちゅう）である。実に、一八七五年という早い時期に、彼は、征韓論批判を展開していた。ただし、彼の論文を見出した中塚明ですら、どんな人物か不明であると書いている（中塚［二〇〇九］、一五九ページ）。

それは、佐田白茅（さだ・はくぼう）という外交官が一八七五年に編集した『征韓評論』に収録されている。佐田自身は、征韓論の西郷隆盛に心酔していて、一八七一年に官吏を辞任した人である。当然、『征韓評論』は圧倒的に征韓論で占められていたのに、田中はそこに批判論文を寄稿したのである（『征韓評論』は、明治文化研究会編［一九二九］に収録されている）。

以下、田中の主張を要約する。

①朝鮮領有は、ロシアの進出を阻止するためであるという主張は、「戦」（いくさ）の無知から出たものである。朝鮮の攻略はできても、朝鮮人の心を掴むことはできない。

②朝鮮の占領に成功してもそれはかえって周囲に反日という敵を作り出すだけである。

③朝鮮を占領しても、ロシアの進出を防ぐことはできない。

④占領によって朝鮮に日本の文明を押しつけようとしても、何も問題を起こさない弱小国を攻略するのは不義である。

⑤ことさら朝鮮でことを起こせば、人命が失われるし、費用もかかり、兵糧もいる。費やされる財貨のごとくは抜け目のない外国商人によってかすめ取られるであろう。

⑥心根の美しい朝鮮人を何故ひどい目にあわせる必要があるのか（中塚［二〇〇九］、一五九～六二ページより引用）。

このように成熟した思想の持ち主が、当時にもいた。このことは、軍事力による他国への威嚇を嫌悪する日本人にとっての大きな救いである。

時代が下った一九一九年に、当時、朝鮮に在留していた日本人に対して、激越な批判を展開したもう一人の日本人を紹介しよう。

日本基督教会に属する全羅北道（Jeollabuk-do）群山（Gunsan）教会に鈴木高志という牧師がいた。一九一九年三月一日の朝鮮における三・一独立運動直後の五月、彼は、日本基督教会機関誌『福音新報』（一九一九年五月八・一五日）に以下のような日本人批判を寄稿している。これも田中論文に通じる良識ある考え方で、今日の私たちにも感動を与える文である。

鈴木論文は、長い格調高い旧文体ではあるが、現代的には読みにくいので、平たく要約させていただく。タイトルは「朝鮮の事変（独立運動）について」である。

暴動は鎮圧できるであろう。しかし、鎮圧できないのが、朝鮮人の精神、つまり、彼らの排日思想である。排日思想という彼らの感情は根深い。

そうした感情が生まれたのには、いろいろな要因がある。遠因としては、朝鮮人の対日軽蔑、倭寇への憎悪、豊臣秀吉への怒りがある。近因としては、併合への反感、日本の独善的（主我的）帝国主義への反発、政治的不満、経済的不安、社会的差別への反感、日本人の道徳のなさへの反感、などが考えられる。

しかし、最も大きな要因は日本の主我的帝国主義への反発である。根本には日本の国是に対する反発がある。これは、朝鮮だけの反発ではない。中国、米国、豪州でも同じである。世界に存在している排日思想は、日本の主我的帝国主義が生み出したものである。それは日本の帝国主義が生み出している影である。影を憎む前に、先づ自身を省みる必要がある。「国威を海外に輝かす」、「大いに版図を弘める」、「世界を統一する」とかが日本の理想とされ、それを主義として進んできた結果が、隣近所をすべて排日にしてしまって、日本の八方塞がりを招いている。

朝鮮人も人間である。国民的自負心もあり国家的愛着心もある。ところが、日本人は、愛国心を日本人のみの専売特許のように思い込んでいる。「日本主義」を謳って、日本人は、傍若無人に振る舞ってきた。そうするかぎり、日本に対する彼らの反感は止むはずはない。私たちは、このような日本主義的精神から脱（擺脱、ひだつ）して、「自分を愛するように隣人を愛する」という愛の道徳に立たねば、東洋での位置を確保できなくなるであろう。ところが、日本の学校では、倭寇、征韓の役の武勇伝が、年少者たちの血を沸かす題目になっている。朝鮮では、この題目が排日思想の種子蒔となっているのである。当然である。倭寇は、沿岸のいたるところで家を焼き、物を奪った。虎よりも恐しいものは日本人であった。征韓の役にいたっては、全国焦土となり、朝鮮はこの役以来、疲弊して復興することができなくなったのである。朝鮮人としては日本を恨まざるを得ないのである。

にも拘わらず、日本の国民教育方針は一〇年経っても、二〇年経っても、依然としてこの主我的帝国主義の外に出ない。日本の教育における修身、歴史読本、唱歌のいずれの教育科目も、旧式日本の愛国心を鼓舞（涵養）するだけである。日本の愛国心は、自国本位、無省察、唯物的である。日本だけを知って、他国のことを考えないものである。その結果、海外に住むのに非常に不向きな日本人を造り出してしまった。朝鮮に来ている日本人は、婦女子にいたるまで威張ることのみを知って、愛することを知らない。取り立てることを知って、与えることを知らない。「われわれは日本人なり」とふんぞり返り、下に立つ道徳を知らない。それどころか、「上に立つ者は権力を握る」という意識で朝鮮人を圧倒し、蹂躙する。それが日本魂であるかのように心得ている。

朝鮮人は、買物に行っても、役所に行っても、つまり、どこに行っても、日本人に敬愛されることがない。いつも、日本人によって蹂躙され、馬鹿にされ、虐げられているという感覚のみを味わう。併合への反感、総督政治に対する不満もある。日本人が資本の威力を発揮して、広大な土地を買い占め、利益を貪るのを見て、経済的不安の念に駆られ、日本人駆逐すべしと言う朝鮮人もいる。すべての朝鮮人は、社会的に悪く待遇されていることから日本人に反感を抱いている。だからこそ、今回の独立運動は、燎原の火の勢いで各地に波及したのである。その根本原因は帝国主義の中毒にある。今日の学校、今日の軍隊の教育方針では、水原事件（Suwon）のようなことが生じるのは必然である。いくら総督府で善政を布こうとしても駄目である。日本人の素質が変わらねばならないのである。

例外はあるが、在鮮日本人の道徳には遺憾なる点が少なくない。大多数の日本人は、神を畏れず、恥を知らず、金儲け以上の高尚な理想を持っていない。鮮人の無知と貧乏とを奇貨とした悪辣な輩が多い。実業者の道徳の低さは内地でも困った問題であるが、そうした道徳の低い連中が日本の代表者である。たまったものではない。米国人などに日本が見くびられる一つの原因は彼らの不道徳である。日本の商人は量をごまかし、衡（はかり）をごまかしている。日本人が入って来たために、朝鮮人の道徳は甚だ悪くなった。この頃は鮮人もまた量や衡をごまかすようになった。

男女間の道徳面での同胞の淫逸放蕩な様は慨嘆に耐え難い。公私宴会の醜態には驚くべきものがある。それを植民地の特権のように心得ている。私はある光景を見た。汽車に乗っていた時、某駅で、ドヤドヤと後から来たものがある。見れば、其地方の一部長（道長官の補佐役、内地でいう内務部長）と警務部長とが、あるべきことか、各々、左右から数名の酌婦に抱きかかへられて、佩剣（はいけん）を引ずり、酔歩漫跚（すいほまんさん）して、ようやく乗車した、否、させられた。しかも、発車するまで、白昼に、酌婦たちと戯れていた。見送りのために、郡守や憲兵隊長をはじめ、幾名かの役人が見ていた。多くの乗降客群が見ていた。その大多数は、白衣の鮮人であった。私は、実に恥かしかった。官吏にして然り。その他は推して知るべしである。

こういう為体（ていたらく）でどうして朝鮮人の尊敬を得ることができるのだろうか。私たちは、朝鮮人が親日になってくれることを願う。しかし、親しむということは、相手に対する愛か敬があって、初めてできるものである。愛は、ただ、愛によって起こる。しかし、日本人は前述の通り、愛ということを知らない。どうして彼らに、私たちに対する愛が起こり得ようか。敬についてはどうか。日本人の今日の道徳をもってして、どのようにして、彼らの敬を要求することができようか。朝鮮問題を考えれば考えるほど、問題は精神的なものに移る。日本の国家的理想において、教育の方針において、国民個々の品性と道徳において、いずれも、根本的な革新が必要であることは明白である。日本は、どうしても、いま、生れ変らなければならないのである（『福音新報』第一二四六号、小川・池編［一九八四］、四五六～六一ページ）。

彼の日本人批判を読むと、私たち日本人が九〇年経っても近隣の人々に対する姿勢においてほとんど進歩していないことを思い知らされる。

三　倭館の歴史と日清戦争から始まった日本の海外神社の政治化

日本人の海外展開とともに、いわゆる海外神社が各地の日本人居住区に建立された。海外神社という名称は、菅浩二（すが・こうじ）によれば、神職で神社研究者小笠原省三によって初めて使われたものであるという（菅［二〇〇四］、一、五一ページ）。海外に日本の宗教の一翼を担う神社が造営されたということ事態はめくじらを立ててあげつらうようなものではない。日本人の土着信仰の代表であった古来からの神話上の神を祀るという行為は、どの国の人たちにも見られる自然な郷土意識の発露だからである。日本の敗戦時に海外神社の多くが現地の人たちによって焼き討ちにあったことに衝撃を受けた上記の小笠原省三は、日本の海外神社が初発から日本の侵略の先兵であったとの贖罪の気持ちを率直に吐露しているが（小笠原［一九五三］、三ページ）、そのように、一概に決めつけてしまうことはよろしくない。ちなみに、この小笠原は、後述する朝鮮神宮の造営に対して、神功皇后を祭神とするという日本政府の方針に強く反対し、朝鮮には朝鮮の土着の神を祀るべきだと主張した神官であった（菅、同書、五二ページ）。

日清戦争以前には、海外神社は、両大戦間期に本格化するような露骨な「国家神道」を指向するものではなかった。むしろ、大陸侵略を想起させる怖れのある神社建設には現地の日本人は臆病であった。ほとんどの海外神社は、現地に居留する日本人によって自前で造営されていたのであるが、祀る対象は航路の平安を願う神々であった。けっして、「日本的精神」を鼓舞する類のものではなかったのである。

例えば、対馬藩が造営した金比羅神社などがその典型である。対馬藩は、韓国との交易の窓口として、釜山（Busan）に倭館（Waegwan）を置いていた。一六七九年には、釜山の龍頭山（Yondosan）に金比羅神社を造営している。祭神の金比羅大神は、航海の安全を守る守護神であった。一九四五年の日本の敗戦で神社は破壊されたが、この金比羅神社は、少なくとも、対馬の宗氏（そうし）による交易の安全祈願のために建てられたもので、何らかの政治的意図が込められたものではなかった。それ以外の神、例えば武力を象徴する八幡信仰の神である応神天皇も、江戸時代にあっては、祭神として東アジアの地に祀られることはなかった。金比羅さんの他は、大物主（おおものぬし＝大国主）なども祀られたが、この神も非政治的なものであった。

倭館について説明しておきたい。純粋に交易の窓口であったはずの倭館は、明治政府による対韓国強硬政策の犠牲になった事例を示すものだからである（田代［二〇〇二］と村井［一九九三］に依存した）。

倭館は、李氏朝鮮（朝鮮王朝）時代に朝鮮半島南部に設定されていた日本人居留地のことである。豊臣秀吉による朝鮮侵略（文禄・慶長の役、韓国では壬辰倭乱（Imjinwaeran）・丁酉再乱（Jeongyujaeran）と呼称）以前には複数存在していたが、江戸時代には釜山に限定され、日本側は対馬藩が管理していた。

朝鮮半島は、中世以降、海賊の倭寇にずっと苦しめられてきた。一三九二年に成立した李氏（Isi）の朝鮮王朝（Choson Wangjo）も、日本船の入港地と日本人居住地区を、当時の富山浦（Busanpo）・現在の釜山広域市（Busan-Gwangyeoksi）、同じく当時の乃而浦（Neipo）・現在の慶尚南道鎮海市（Gyeongsangnamdo Jinhaesi）、そして、当時の塩浦（Yonpo）・現在の蔚山広域市（Ulsan-Gwangyeoksi）という三つの港地区（三浦＝Sampo）に制限しようとしていたが、これも、一五一〇年、居留日本人の暴動（三浦の乱＝さんぽのらん）などによって、日本人を押さえ込むことに失敗し続けた。反乱の中心勢力は、倭寇の拠点であり、朝鮮との交易に利益を持つ対馬の宗氏であったと言われている。

在留日本人は、朝鮮王朝に税も払わず、田畑を耕作し、一種の治外法権的な勢力を持っていた。これを取り締まろうとした朝鮮王朝に対して、対馬からの援軍によって日本人が暴動を起こしたのが、三浦の乱であった。表面的には三浦の乱は、朝鮮王朝によって鎮圧されたことになっているが、実際には、朝鮮に居住する日本人は対馬の支配者宗氏の統治に従うことになっただけのことである。つまり、三浦の乱以前には、九州・中国地方の諸勢力も朝鮮王朝から許可を受けて比較的自由に朝鮮と通交していたが、三浦の乱を境に通交権は宗氏に集中し、宗氏が日朝貿易を独占してしまったのである。そして、日朝交易から締め出された勢力の一部が明の海商と結びついて、倭寇として朝鮮半島でますます略奪を繰り返すようになった。建て前的には、一五八八年に豊臣秀吉が海賊停止令を定めて倭寇は消滅したとされているが、それは刀狩りの一環であって、秀吉は、民間の武装勢力を一掃することを狙っただけのことであったし、対馬の宗氏を配下に置いた上で、朝鮮出兵の準備をしたのである。

一五九二〜一五九八年という七年間に及んだ秀吉による文禄・慶長の役によって、朝鮮は荒廃してしまった。朝鮮王朝は日本と断絶したが短期間しか断絶状態は続かなかった。対馬藩が、執拗に要請して、一六〇七年に対馬藩を窓口とした日朝交易を再開させたのである。この時に、対馬藩は、釜山に豆毛浦倭館（Dumopo Waegwan）を新設している。さらに、対馬藩は、江戸幕府から朝鮮外交担当を命じられ、新設された倭館における朝鮮交易の独占権を付与された（http://english.historyfoundation.or.kr/?sub_num=119）。

その後、この建物が手狭になったので、一六七八年に移転・拡張して草梁倭館（Choryang Waegwan）になった。この草梁倭館は、現在の龍頭山公園一帯にあって、一〇万坪もの面積があった。同時代の長崎の出島は約四〇〇〇坪であったから、その二五倍に相当する広大なものであった。敷地には館主屋、開市大庁（交易場）、裁判庁、浜番所、弁天神社のような神社や東向寺、日本人（対馬人）の住居があった（http://ja.wikipedia.org/wiki/%E5%80%AD%E9%A4%A8）。

海外神社に話を戻そう。

明治時代に入って、日本人の韓国進出が活発になると、対馬藩が造営した上記の金比羅神社は、一八九四年に「居留地神社」と改称され、さらに、一八九九年に大造営されて「龍頭神社」になった。

この時に、祭神として、神功皇后が追加されたのである。それだけではない、同時に朝鮮人にとって、最も忌まわしい侵略者である豊臣秀吉までもが「豊国大神」として祀られることになった（龍頭神社社務所［一九三六］、三六〜四一ページ、及び、菅［二〇〇四］、一七〇〜七一ページ）。ちなみに、一九〇一年には官幣大社の台湾神社が建設されている。神社組織は、キリスト教に対抗して、明確に清・韓の民衆を懐柔するために、伊勢神宮を頂点と仰ぐ海外神社建設の促進を決議した（佐伯［一九〇五］、一〜六ページ）。

一九〇六年には、韓国に神社を建設して「国民的教化」を行うべきことが、福本日南（ふくもと・にちなん）などによって、関西（くわんせい）連合会第一回大会で決議された（菅［二〇〇四］、五六ページ）。ちなみに、福本は、陸羯南（くが・かつなん）と共に一九八九年に新聞『日本』を総監し、「忠臣蔵」ブームを起こした人である。

しかし、そうした動きに対して反対する神職もいた。

韓国人は礼儀をわきまえた人たちである。この人たちに、「我が天祖の神宮を礼拝せよと命」じることは、韓国民の嫌悪を招くだけであり、「我が外交政策を誤解」させる媒介になるおそれがある（菅、同上書、五六ページ、及び、木田［一九〇六］、四五〜四九ページ）。

そうした少数の反対意見もあったが、明治政府は、日本の神道導入を進めるために、併合と同時に、儒教に基づいて古来から韓国で存続していた、「仲春」、「仲秋」、「祈穀」、「祈雨」などの祭祀を禁じた。それらは、『正しく我が国体と相容れざるもの」だという総督府の判断から出された措置であった（徳富［一九二九］、二九七〜九九ページ）。一九一一年の春期祭からすべての伝統的祭祀は公の場では禁じられた。そして、一九一一年度末の日本の政府予算案に朝鮮神宮造営関係のものが登場することになったのである。

日本政府は、この頃から韓国におけるキリスト教を強く意識するようになっていた。現在の韓国のクリスチャンは、カトリック、プロテスタントを合わせて人口の三分の一を占める。これは日本の一％に比べて非常に大きな数値である。韓国ではナショナリズムとキリスト教とが強い結びつきを持っていたことに特徴がある（Grayson［1993］, p. 13）。

この点について、初期の日本の為政者たちは熟知していたので、キリスト教との共存を図っていた。一九〇五年、日本は韓国の外交権を事実上奪い、統監府を設置したが、初代統監の伊藤博文は、メソジスト（Methodist）の宣教師に対して、朝鮮人の精神生活を豊かにするように依頼するという宣教師懐柔を試みた。宣教師の本国への影響力を重視していたのである（朝鮮総督府［一九二二］、六ページ）。懐柔策は一定の効を奏して、韓国は他の列強に支配されるよりは日本に支配された方がよいという宣教師まで出ていたという（姜渭祚［一九七六］、三四ページ）。

周知のように、半島は、長い間、朱熹（Chu Hsi, 朱子は尊称、1130～1200）によって創設された朱子学が社会の支配層の必須の教養となっていた。民衆宗教として仏教があったものの、社会への影響力は微々たるものであった。ローマン・カトリックは一八世紀末に半島に伝来したが、朱子学の祖先祭礼への参加を拒否したために迫害され続けていた。しかし、一三九二年に成立した李朝支配下で繁栄していた朱子学も、一九一〇年の韓国併合時までには急速に衰えを見せていた。

韓国の社会的・経済的疲弊によって、多くの韓国民衆は新しい精神的拠り所を求めていた。それに呼応できたのがキリスト教、とくに、プロテスタントであった。彼らの成功は、新訳聖書の出版を漢字でなくハングルで行ったことによる。[2] 一九一〇年の韓国併合までには、ミッション系スクールが小学校から大学まで出揃い、韓国のキリスト教的啓蒙思想が急速に普及した。悲惨な状態に民衆が喘ぐ時、哲学的な朱子学の「太極」(the Great Ultimate) という観念よりも、人間の姿をしたイエスの表象の方が民衆の心を掴めたのだろうとグレイソンは推測している (Grayson [1993], p. 15)。[3]

伊藤博文が暗殺された後になると、日本政府と朝鮮総督府は、それまでとは一転して、キリスト教を敵視するようになった。韓国のキリスト教は、韓国併合に反抗する強力な組織と決めつけられた。例えば、朝鮮総督府は、一八六五年、アーサー・サリバン卿 (Sir Arthur Sullivan) によって作曲されたという賛美歌、「進めキリストの兵士たちよ」(Onward Christian Soldiers) やプロテスタントの国際的な福音伝道組織である「救世軍」(Salvation Army) などに、露骨な警戒感を示していた (Clark, Allen [1971], p. 187)。この救世軍というのは、メソジスト教会牧師、ウィリアム・ブース (William Booth) が一八六五年に設立した「東ロンドン伝道会」(East London Christian Mission) が始まりで、一八七八年に改称したものである。

明治政府が、「韓国併合に関する件」を閣議決定したのが、一九〇九年七月六日であった。

「韓国を併合し之を帝国版図の一部となすは我が実力を確立するための最確実なる方法たり。帝国が内外の形成に照らし適当の時期において断然併合を実行し半島を名実共に我が統治の下に置き諸外国との条約関係を消滅せしむるは帝国百年の長計なりとす」(吉岡 [二〇〇九]、六七ページより引用)。

これは、日本が、韓国併合でアジアの列強として欧米に認知させ、当時の不平等条約改正を一〇〇年の計として狙っていたことが率直に吐露された決議である。

一九〇九年七月六日の閣議決定を受けて、各国との調整を始めた明治政府は、一〇月伊藤博文をロシアとの交渉に当たらせた。しかし、一九〇七年七月二四日に日本軍の武力で威嚇的に調印させられた「第三次日韓協約」で軍隊を解散させられた韓国では、両班（Yangban）層とクリスチャンたちが義兵（Uibyeong）闘争を本格的に展開することになった。

その典型が、両班出身で、カトリック信者であった安重根（An Jung Geun, 一八七九〜一九一〇年）である。彼のクリスチャン・ネームはトマス・アン（Thomas An）であった。東学（Tonghak）に反対していた安は追われてカトリックに属するパリ外国宣教会（Société des Missions Etrangères）のジョゼフ・ウィレム（Nicolas Joseph Marie Wilhelm）司祭に匿われて洗礼を受けた。そして、安は、一九〇七年大韓帝国最後の皇帝・高宗の強制退位と軍隊解散に憤激し、ウラジオストクへ亡命、抗日闘争に身を投じる。そして、一九〇九年一〇月二六日、ハルピン（哈爾浜、Harbin）駅構内において、ロシア蔵相のウラジーミル・ココフツォフ（Vladimir Nikolayevich Kokovtsov）と会談するために現地に赴いていた伊藤博文（暗殺当時枢密院議長）に対し安重根は群衆を装って近づき拳銃を発砲、大韓帝国の国旗を振り韓国独立を叫んだ。留置中に伊藤の死亡を知った際、安重根は暗殺成功を神に感謝して十字を切り「私は敢えて重大な犯罪を犯すことにしました。私は自分の人生をわが祖国に捧げました。これは気高き愛国者としての行動です」と述べたという（Keene［2002］, pp. 662-67）。

一九一〇年八月二二日、日韓両政府の間で「韓国併合に関する条約」の調印があった。条約の第一条には、韓国皇帝による日本皇帝への「統治権の譲与」が明記された。文面は、

「第一条　韓国皇帝陛下ハ韓国全部ニ関スル一切ノ統治権ヲ完全且永久ニ日本国皇帝陛下ニ譲与ス」、「第二条　日本国皇帝陛下ハ前条ニ掲ケタル譲与ヲ受諾シ且全然韓国ヲ日本帝国ニ併合スルコトヲ承諾ス」

という韓国側の尊厳を踏みにじる冷酷なものであった。ここに、李朝五〇〇年の歴史が事実上閉じた。その一か月後、勅令「朝鮮総督府官制」により、朝鮮総督府が設置され、それまでの統監・寺内正毅（てらうち・まさたけ）がそのまま初代朝鮮総督に任命された。

「併合」という用語は、当時、一般的なものではなかった。この用語は、一九〇九年三月に、外務省政務局長・倉地鉄吉が、外相・小村寿太郎の命で作成した「対韓大方針」草案の中で使われていた。対等の合邦でもなく、さりとて、完全隷属させるという雰囲気を避けつつ、日本が韓国を支配下に置くという政治的に配慮した用語が「併合」であった（海野［一九九五］、二〇九ページ）。ちなみに、一八九五年の台湾割譲は、清朝のお膝元を意味する「直隷」が日本の直轄地に変更されたという意味で「改隷」という用語が使われた。

当時、伊藤博文は併合には躊躇していた。この点を次節で確かめておきたい。

四　韓国併合を巡る伊藤博文

伊藤博文（一八四一～一九〇九年）は、一九〇六年から一九〇九年まで韓国の初代統監を務めたが、韓国併合に対する姿勢を明確にすることは晩年まで躊躇していた（馬場［一九三七］、一六一ページ）。それでも、韓国は日本の支配下に入るべきであるとは主張していた。一九〇五年一一月一五日、伊藤は当時の韓国皇帝・高宗に対して、日清、日露の二つの戦争で血を流した日本には、韓国を支配する権利があると、申し渡していたのである（金［一九六四］、第六巻の一、一九～二七ページ）。

そして本稿第一節でも触れたように、一九〇五年一一月一七日、「第二次日韓協約」が結ばれ、韓国の外交は、すべて日本の指令に従わざるを得なくなった。外交だけではなく、警察、金融、宮廷関係にも日本人役人が入り込むことになった。そうした費用を負担すべく、日本政府は、一九〇六年初めまでに、韓国政府に一〇〇〇万円を供与していた。一九〇八年三月にはさらに二〇〇〇万円を供与している（Lone［1991］, pp. 145, 151）。

さらに、一九〇七年五月、伊藤は、韓国の内閣改造を図り、首相に李完用（I Wan Yong）、農商大臣に一進会（Ilchinhoe）の指導者、宋秉畯（Song Pyon Jun）を就けた(4)。新内閣の閣僚就任式で、伊藤は次のように語った。要約する。

東アジアの勢力地図は変わった。中国はもはや強国ではなくなった。その広大な国土は列強によって食い散らかされようとしている。韓国が日本の監督なしに、独自外交を展開するようになれば、韓国もまた列強の餌食になってしまうだろう。それは、日本の安全も脅かす。無私の姿勢で韓国を保護できる国は、日本をおいてはない。よって、韓国民は、日本に対して善意を持ち、日本に自国の運命を委ねるべきである（金、同上書、四八二〜八三ページ）。

伊藤から首相を命じられた李完用は、伊藤のこの言葉に答えて次のように挨拶した（これも要約）。

私たちは、日本と協同関係に入ったことを喜んでいます。国家というものは、人間と同じく、強い力なくして立つことができるものではありません。つまり、力なくして国家の独立を望むのは愚かなことです。力のない韓国にとって、地理的に近く、運命においても密接に結びついている日本との協同関係を持つことが最も有益です。これが、日韓協同をする一つの理由です。いま一つの理由は、中国や他の国に従属しても何の益もないという点にあります。日本には韓国を併合する力がありますが、そうしなくて、韓国と協同関係を日本が維持してくれれば、韓国は力を蓄えることができるのです。韓国にとって、日本との協同関係こそが自国を守る最上の方策なのです（金［一九六四］、第六巻の一、四八四ページ）。

李完用のこの発言について、森山茂徳は言う。李の挨拶は、伊藤への単なる追従ではない。いろいろな場所で、伊藤が韓国併合について積極的でないニュアンスの発言をしていたので、他の日本人政治家によって韓国が統治されるよりも、伊藤による統治の方が望ましいとの判断を李はしていたと。事実、李は、伊藤に向かって、もし伊藤が統監を辞める時は、自分も首相を辞めるとまで言い切ったという（森山［一九八七］、二〇一ページ）。

高宗帝を退位させた直後の一九〇七年七月二八日、伊藤は、新聞記者に語った（要約）。

併合など日本は望んでいない。韓国に必要なことは自国の自治である。韓国に日本と韓国の国旗が並べて掲揚されるべきである（小松［一九二七］、第二巻、四五五～五九ページ）。

李完用ほどの日本への傾倒ぶりこそ示さなかったものの、日本の力に依存しなければ韓国の自立はできないといった考え方は、クリスチャンである尹致昊（Yun Chi Ho）にもあった（姜［一九八二］、四四二ページ）(5)。

しかし、伊藤は、一進会などの愛国者精神を怖れていた。如何に、対日協力の立場を採っていても、日本が韓国を併合してしまえば、彼らは断固として日本批判に結集するであろうとの危惧を、伊藤は、当時の駐韓英国領事、ヘンリー・コックバーン（Henry Cockburn）に伝えている（F.O. [1908], 410/52: Lone [1991], p. 148）。

一進会については、当時の日本の首相・桂太郎も、伊藤と同じような認識を持っていた。

一進会は、強烈な愛国心の持ち主だが、韓国の政治状況から彼らはその感情を抑えている。日本は彼らに文明を教えているが、彼らが豊かになり、文明を学習すれば、彼らは必ずや自らの足で立とうとするであろう（黒龍会［一九六六］、第一巻、二六九～七〇ページ）。

伊藤は、列強と韓国人による日本への反発に対してかなり神経質になっていた。一九〇八年一二月二六日、東洋拓殖会社が漢城に設立された。すでに、韓国人農民から土地を略取する日本人の冷血ぶりは英国のジャーナリスト、プトナム・ウィール（Putnam Weale）によって報じられていたし（*North China Herald*, 15 December, 1905）、一九〇九年一月七日付の『大韓毎日新報』（*Taehan Maeil Sinbo*）などは、四〇万人を超す日本人農民を韓国に移入するのではないかといった警戒心を示していた（両新聞ともに、Lone [1991], p. 150 より引用）。

外交感覚に優れていた伊藤は、東洋拓殖会社の設立に批判的な意見を持っていたし、大量の日本人移民には反対していた。列強と韓国人の反発を買ってしまえば、将来に必ず禍根を残すと警告していたのである（小松［一九二七］、第二巻、四四四ページ。及び、新渡戸［一九三二］、三〇七〜一〇ページ）。

伊藤を怯えさせていた大きな要因は、韓国人の反日ゲリラ闘争であった。一九〇七年八月一日、韓国国軍は解散させられた。これが、義兵闘争を刺激した。義兵に対する日本の軍隊の行為は目を背けるほどの残虐さであったと当時の英国の通信員、F・A・マッケンジー（McKenzie）が、一九〇七年九月二一日付で『デイリー・メール』（*Daily Mail*）に打電したが、この電文は、日英同盟によって、公表されなかった（F.O. [1907], 371/383, No. 34377 には収録されている。Lone [1991], p. 151）。これは、先述の駐韓英国領事・コックバーンの指示であったと思われる。コックバーンは、マッケンジーの電文が大袈裟で事実を正確に伝えていないと批判し、日本軍は誰も拘束しなかったと日本のために本国に弁明したのである（F.O. [1907], 371/383. Lone [1991], p. 152）。しかし、在東京の通信員、マクドナルド（MacDonald）は、日本政府の公式資料として、一九〇七年七月〜一九〇八年一〇月の日本人死傷者が四五二人、韓国人死者一万四三五四人という数値を本国に打電している（F. O.［1908］, 410-53. Lone［1991］, p. 152）。

オーストラリア防衛力アカデミー・歴史部門（Dept. of History Defence Force Academy）のスチュアート・ローン（Stewart Lone）は、朝鮮半島を侵略してきた歴史を持ちながら、その歴史が生み出した韓国人の対日憎悪を解消する努力を日本人はまったく払わず、ただ、韓国の近代化に向かって韓国人を教育するという一人よがりの弊に陥っていたと当時の日本の為政者たちを厳しく批判している。以下、要約する。

韓国の歴史には日本の侵略が散りばめられている。中世には倭寇と呼ばれる海賊が跋扈していた。一六世紀には秀吉の侵略があった。近年では一八七六年の江華条約（Kanghwa Treaty）につながる砲艦外交があった。韓国人は重視する。仏教も漢字も日本人は韓国から学んだことを。韓国人は日本人の芸術を軽蔑している。その多くが日本に連行された韓国人芸術家が伝えたものだからである。韓国人の心の奥底には日本人へのこのような憎悪がある。しかるに、日本人は、韓国人を教育するという「幼稚な道具」（primitive tools）で、韓国人を慰撫しようとしている。十分な時間をかけて慎重に韓国人の憎悪を解明しなければならないのに、日本人の視点は「あまりにも定まっていない」（too uncertain）（Lone［1991］, pp. 152-53）。

一九〇八年当時の伊藤の姿勢は、韓国人を激高させないことを旨とする融和的なものであった。表面的なものであったとしても親日姿勢を示す李完用を重用しながらも、李よりも対日強硬路線の宋秉畯を内閣に入れるという二面作戦を伊藤が採ったのも、一進会の先鋭化を防ぎ、激化する韓国の反日闘争を鎮静化させようとしていたからである。当然、伊藤は、日本の対韓強硬派から激しく攻撃されていた。ところが、伊藤が頼みとする李と宋との間は険悪であった。伊藤は、両者ともに内閣から出て行かないように腐心していたのである（Lone [1991], p. 153. 一九〇八年一二月六日付、桂太郎宛伊藤博文書簡、桂［一九五一］、一八―三八）。

韓国の対日融和派も民衆の怒りを買っていた。一進会はその代表であった。とくに、一進会の指導者である宋への民衆の反感は強かった。当時の軍事参事官であった長谷川好道（よしみち）は、一九〇八年一月二七日付、陸軍大臣・寺内正毅宛書簡で、そのことを危惧していた（Lone, ibid. 寺内［一九六四］、三八―三〇）。

一九〇八年、追い詰められた伊藤は、武力行使に踏み切ってしまった。一進会との絶縁を決意したのである（黒龍会［一九六六］、第一巻、三六九～七八ページ）。義兵鎮圧のために、伊藤は、本国に歩兵二個師団の増派を要請した。そして、義兵鎮圧後も軍隊を韓国から撤退させなかったのである（桂宛一九〇八年一二月六日伊藤書簡、桂［一九五一］、一八―三八）。

これまでの融和派から武断強硬路線に転換したことから、韓国の穏健派は、伊藤に裏切られたという感情を持つようになった。かつては伊藤の宣伝紙であったはずの『京城日報』(6)ですら、激しく伊藤を攻撃するようになって、一九〇八年に何度も発禁処分を統監府から受けている（Lone [1991], p. 154）。

他方、融和姿勢を示していた時の伊藤への対韓強硬派の日本人は、統監府非公式顧問の内田良平、韓国金融副大臣の木内重四郎、右翼の杉山茂丸（しげまる）の面々であった(7)。

併合は、山県有朋ら陸軍系人脈が推し進めたものであるというのが菅浩二の見方である。

五　併合前後の日英米露関係

併合に至る道筋は、確実に敵を作る過程であった。日清戦争後、当時、征清総督府参謀長（後に陸軍大将に昇進）であった川上操六（そうろく）は、一八九七年一二月一日に、武昌（Wuchang）駐在の総督・張志東（Chang Chi-tung）に使節を送り、ロシアからの脅威を防ぐためには、日英と合体しなければならないと強要した（Lone [1991], p. 160）。つまり、日本は、この時点で英国と協同で東アジアを分割統治しようとしていたのである。一八九八年、米国がハワイを強引に併合してしまったのは、日本による領有を怖れていたからであるとローンなどは言う（Lone, ibid., p. 164）。太平洋はすでに一九世紀末から波が高くなっていたのである。

一九〇五年九月五日のポーツマス条約以後、米国は、急速に中国大陸での利権確保の動きを見せるようになっていた。鉄道王のエドワード・ハリマン（Edward Henry Harriman）が、条約締結直後に来日して、ポーツマス条約で獲得した南満州鉄道の日本との共同経営を持ちかけた。ユニオン・パシフィック鉄道（Union Pacific Railroad）やサザン・パシフィック鉄道（Southern Pacific Railroad）の共同経営者であった銀行家のハリマンは、日露戦争中には日本の多額の戦時公債（一〇〇〇万円とも言われている）を引き受け、ポーツマス条約締結直後に訪日して、財政援助を持ちかけて、南満州鉄道の共同経営を申し込んだ。日本側も乗り気でポーツマス条約で獲得した奉天（Fèngtian）以南の東清鉄道の日米共同経営を規定した桂・ハリマン協定を結んだ（一九〇五年一〇月一二日）。桂とは、当時の首相・桂太郎のことである。この協定は、外相・小村寿太郎の反対により破棄されたが（一九〇五年一〇月二三日）、これは米国資本の満州への執着の強さを示すものであった（吉村［一九七九］、参照）。

ハリマンの試みが挫折した後、今度は米国務長官のノックス（Philander Chase Knox）が、全満州鉄道の中立化計画を打ち出した。日露が支配する鉄道を清朝に譲渡し、列強の権益争いから中立化させるという名目であったが、鉄道の管理に米国資本の導入を意図していたのである(8)。

その一方で、中国、とくに、満州から日本を追い出すためのあらゆる画策を米国は行ってきた。一九〇五年には「日本人・韓国人排斥同盟」（Japanese and Koreans Exchange League）が米国に結成された。それが、一九〇八年に「アジア排斥同盟」（Asiatic Exclusion League）になり、一九一三年のカリフォルニア州でアジア人排斥の法制化がなされ、一九二四年には「排日移民法」（US Restriction on Japanese Immigrants）に結実してしまうのである（Danniels［1962］、参照）。日本が自国移民の送り出し先をハワイや米本土から東アジアに振り替えることになったのも、米国の移民法のためである。自国の領域から日本人を排除しながら、米国は、東アジアでの権益確保に執心していた。

日露戦争の勝利によって韓国での排他的権益をロシアに認めさせた日本は、さらに、一九〇七年七月三〇日、第一回日露協約を結び、ロシアと東北中国の勢力範囲分割に関する密約を交わした（信夫［一九七四］、第一巻、二二三〜三四ページ、Matsui［1972］, pp. 42-44）。日露会談はその後も定期的に継続されていた。

このことは、英米を焦らせた。日露間で東アジアの分割が実施されることを怖れていたからである。

一九〇八年二月には、英国の日本大使館は、米大統領のセオドア・ローズベルト（Theodore Roosevelt）の日本人不信が大きいことを伝えている。ローズベルトは言った。

日本人がどんな遠隔地にも移民し、米国政府の寛大さに応えようともしない。もう日本に寛大さを示すことは止す。日本政府は日本人を日本国内に閉じ込めておくべきだ。

ただし、ローズベルトのこの発言は、日本人嫌いの、上述の英国外務省駐日通信員のマッケンジーの報告にあるものなので、信頼に足りるものではない。しかし、外務省の公式文書でこうした悪意ある文が保存されていたことは、英国の対日警戒感を示すものである（一九〇八年二月の記録、F. O.［1908］, 371/471, Lone［1991］, p. 164）。

米国政府の対日憎悪は凄まじかった。本稿の注8でも説明した「桂・タフト協定」の米国側の当事者、ウィリアム・ハワード・タフト（William Howard Taft）が、セオドア・ローズベルトの後を継いで、一九〇八年に米大統領に就任した。彼は、一八九八年の米西戦争（Spanish-American War）でスペインから米国に割譲されたフィリピンの文民政府の初代知事を務め（一九〇一〜一九〇四年）、その後、セオドア・ローズベルトによって、陸軍長官に指名された。陸軍長官時代に訪日して、件の「桂・タフト協定」を日本と結んだ。そして、ローズベルトから指名されて大統領になったのである。大統領になったタフトは、国務長官（Secretary of State）にフィランダー・ノックス（Philander Knox）を指名し、対アジア政策チームを英国外務省からのアドバイスで作り、その長に筋金入りの日本人嫌いであるF・ウィルソン（F. Huntington Wilson）を据えた（Esthus［1966］, pp. 240-41）。

日本側の韓国併合に向けての動きも急ピッチになった。首相の桂太郎と外相の小村寿太郎は、一九〇九年四月一〇日、一時帰国していた伊藤博文を説得すべく、大磯の自宅を訪問した。韓国併合に逡巡する伊藤に決断を迫ったのである。意外にも伊藤は、すぐさま、首相と外相の韓国併合論に賛成した。ただし、列強の反発を買わない工夫とタイミングが必要であると力説したという（信夫［一九四二］、三〇〇ページ）。

桂は、伊藤の同意を受けて、元帥陸軍大将・山縣有朋（やまがた・ありとも）にも報告している。山縣は、当時の日本における最高指導者であった。一九〇九年四月一七日付の山縣宛書簡において、桂は、韓国皇帝が何らかのミスを冒してくれれば併合がし易くなるのだがとの、陰謀工作を示唆することを書いている。徳富蘇峰の『桂伝』には陰謀を示す桂の言葉は意図的に除外されているが（徳富［一九一七］下巻、四五四ページ）、山辺健太郎の資料にはこの言葉が収録されている（山辺［一九六六］、二一六ページ）。

そして、一九〇九年七月七日、韓国併合の方針が閣議で了承された。閣議で、桂首相は、鍵を握っているのは、ロシアとの合意であり、ロシアの合意を得られ次第、併合に踏み切ると語った

（徳富［一九一七］下巻、四六五ページ）。

当然ながら、韓国併合を決意し、ロシアを引き込もうと工作している日本に英米は反発した。同盟国の英国側を懐柔すべく、統監の伊藤博文は、ロシアとの交渉の中身をある程度は英国に伝えておくようにと小村寿太郎に要請しているが（一九〇九年一〇月一日付伊藤の桂宛書簡、徳富［一九一七］下巻、四六六ページ）、効果はなかった。

上述の米国のＦ・ウィルソンは、一九〇九年九月に満州・韓国問題で清・露と協議していた日本の動きを、米国が推進する門戸開放政策に敵対するものだと牽制した（Hunt［1973］, p.205）。第二次桂内閣の逓信大臣であった後藤新平（しんぺい）が、当時のロシアとの太いパイプを持っていたらしい。彼の斡旋で、伊藤・統監がロシアの大蔵大臣・ココフツォフ（Vladimir Nikolayevich Kokovtsov）に面会すべく、一九〇九年一〇月一四日、ハルピンに向けて旅立った（Lone［1991］, p.160）。そして、ほぼ二週間後の一〇月二六日、既述のように、ハルピン駅頭で安重根によって射殺されたのである。

伊藤暗殺を知らせる電報が入った時、桂は英国の駐日大使・クロード・マクドナルド（Claude MacDonald）と面会していた。桂は、伊藤暗殺後も日本の対外姿勢に変化はない、つまり、対英協調を継続しつつ韓国併合は行うと明言したとマクドナルドが、英国の外務大臣・グレイに報告している（F. O.［1909］, 410/54, MacDonald to Grey, 28 October, 1909）。

桂の姿勢を見た英米は、日本の新たな満州権益を阻止する点で協同行動を採ることになった。一九〇九年一一月九日には、ノックスが英国の外務大臣（Foreign Secretary）のエドワード・グレイ（Edward Grey）に、当分の間、満州鉄道を国際的協調団による共同管理に委ね、然るべき時がくれば清に買収させるという米国案への賛成を求めた（Hunt [1973], p. 205）。

韓国併合に踏み切るとした閣議決定を受けて、小村は、一九一〇年三月一九日、セント・ペテルスブルグ（St. Petersburg）駐在の日本大使・本野（もとの）一郎にロシアとの第二回の対話再開を行うように指令した（第一回協約は一九〇七年）。しかし、ロシアの外務大臣、アレキサンダー・イズボルスキー（Alexander Iswolsky）は、一九一〇年四月段階では、韓国に関する現状の如何なる変更も許さないとの強硬姿勢であったが、本野一郎が、一九〇七年段階でロシアは日本の韓国領有は認めていたはずだと突っぱね、イズボルスキーも、当時の皇帝（Tzar）・ニコライ二世（Nicholai Aleksandrovich Romanov）を説得してみると折れた（http://www.mofa.go.jp/mofaj/annai/honsho/shiryo/j_russia_2005/2_4.html）。

一九一〇年五月には、駐日英国大使のマクドナルドは、韓国併合は認められない、その点では米国も同様であると何度も桂首相に警告し、本国に状況が急展開しそうだと打電している（F. O. [1910], 410/55, MacDonald to Grey, 19 and 22 May, 1910）。

しかし、最終的には、一九一〇年七月四日、「第二回日露協約」と「秘密協約」が調印され、日露間で満州・韓国問題の秘密合意が成立した（徳富［一九一七］、下巻、四四〇〜四四二ページ）。

第一次世界大戦中、有名な「石井・ランシング協定」が日米間で交わされた。これは、一九一七年一一月二日、ワシントンで、特命全権大使・石井菊次郎と米国務長官・ロバート・ランシング（Robert Lansing）との間で締結された協定である。建て前的には中国に領土保全を保証し、中国における各国の商工業活動の機会均等という従来からの米国の主張を日本が承諾したことになっていたが、実際には、満州と内蒙古東部における日本の「特殊の権利または特典」を米国が承認するという日本側に有利な内容であった。この日本に有利な協定は、ワシントンで締結された一九二三年四月一四日の「九か国条約」で廃棄された（池田［一九九四］、参照）のであるが、「石井・ランシング協定」を含め、ランシングの独断専行は当時の大統領のウッドロー・ウィルソン（Woodrow Wilson）を悩ませ、一九二〇年にはウィルソンはランシングに辞任を命じた（http://www.firstworldwar.com/bio/lansing.htm）。

日本に有利な「石井・ランシング」協定は、第一次世界大戦に全面的に参戦する米国が、太平洋での安全保障に不安を抱き、ハワイの防衛を日本に委任しようとしていたからであるとも言われている（Macmurray［1935］、参照）。

いずれにせよ、日本の韓国併合が、西太平洋・東アジアの緊張関係の中心にあったことが、当時の国際関係史を簡単に振り返るだけでも理解できるだろう。

六　朝鮮総督府によるキリスト教弾圧

一九一〇年九月三〇日、韓国は朝鮮と改称させられ、日本に併合された[9]。統治を行う機関として朝鮮総督府が設置され、翌日の一〇月一日、筆頭である朝鮮総督に就任したのが寺内正毅であった。彼は、朝鮮における憲兵警察制度の実施に象徴されるように、「武断統治」を行った。しかし、朝鮮でのクリスチャンの政治的な影響力の大きさも十分に認識していた寺内は、武断外交への欧米系宣教師の反発を警戒していた。彼らが韓国人に与える影響力、とくに、キリスト教会が運営するミッション・スクールの影響力を、寺内は、強く意識していたのである（朝鮮総督府［一九一七］、三三八ページ、韓［一九八八］、八七ページ）。しかし、寺内は、キリスト教そのものを韓国で禁止できないことも認識していた。

そこで彼が採用した措置は、総督府に従う日本のキリスト教団に布教させることであった。そのために選ばれたのが、日本組合教会であった。この教会は一八八六年に創設され、設立当初から韓国伝道を標榜していたが、韓国併合二か月後の一九一〇年一〇月、第二六回定期総会で朝鮮伝道の促進を改めて決議している。そこには、「日本国民の大責任を」を果たすとの国粋的文言が埋め込まれていた（松尾［一九六八a］、七ページ）。

同教会の朝鮮伝道には総督府や日本の財界から多額の寄付を得ていたとされる（同教会機関誌『基督教世界』一九一四年一〇月八日）。一九一六年、寺内の後を継いで総督になった長谷川好道・陸軍大将も、寺内の意思を受け継ぎ、日本組合教会への援助を続けていたらしい。長谷川が後任の斎藤実（まこと）への引き継ぎに、キリスト教の伝道を西洋人に任せるのは、甚だ危険なことなので、これまで総督府は、日本人牧師が主宰するキリスト教会、とくに日本組合教会を援助し続けてきたと説明したと言われている（姜徳相［一九六六］、五〇〇ページ）。ただし、斎藤はこの助言を無視して、日本組合教会を突き放してしまい、この教会は瓦解した（富坂キリスト教センター［一九九五］、九一ページ）。

一九一〇年一二月二九日、朝鮮北西部の宣川（Sonchon）などを寺内が視察した時、寺内暗殺未遂事件があったと報道された。総督府系の新聞、『毎日申報』（Maeilsinbo, 朝鮮語）、『京城日報』（日本語）、*Seoul Press*（英語）などの大々的は報道は、クリスチャンたちが寺内暗殺を計画していた、とくに長老教会系の米国人牧師が、その計画に関わっていたという内容であった。朝鮮総督府は、一九一一年九月までに約七〇〇人の朝鮮人を逮捕し、証拠不十分で釈放された人たち以外の一二二人が翌一九一二年に裁判を受けた。米国政府やニューヨークに本部があった長老教会は、事件との関わりを否定し、逆に朝鮮総督府が自白を得るために逮捕者を拷問していると言い立てた。当時の京城地方法院（裁判所）は同年九月二八日、一二二人の中で一七人だけを無罪とする一方、残りの一〇五人に懲役刑を言い渡した（一〇五人事件、宣川事件、尹［一九九〇］、梁［一九九六］、参照）。うち、九八人がクリスチャンであった。また、一九一二年一〇月には、長老派によって経営されていた京城の京信（Kyonsin）男子高校の教師と生徒が破壊活動の嫌疑で逮捕されている（Blair & Hunt［1977］, pp. 115-16）。

その後の控訴審では、一九一三年一〇月に、一〇五人の中で九九人が無罪を言い渡された。一方、尹致昊などの六人には懲役刑が確定した。しかし、その六人も一九一五年二月、大正天皇の即位式にちなんだ恩赦によって釈放された。

併合前には、ミッション・スクールに対する統制は強くなかった。それでも、韓国統監府は、一九〇八年に「私立学校令」を出し、韓国の教育は、日本の教育勅語に則るものでなければならないと布告していた。そして、併合直後の一九一一年に、朝鮮総督府は、「第一次朝鮮教育令」、「私立学校規則」等々を公布し、朝鮮における教育統制を強めることになった。それでも、一九一一年時点では、ミッション・スクールはこの指令では除外されていた。ただし、「朝鮮教育令」の作成に携わった東京帝大の穂積八束（ほずみ・やつか）などのように、キリスト教と国体とは相容れないために、ミッション・スクールは強く監視されるべきであると言う教育関係者も結構存在していた（大野［一九三六］、四九ページ）。

そして、一九一五年の「改正私立学校規則」になると、ミッション・スクールも教育勅語に従わねばならなくなった。さらに、聖書科目が禁止され、教育のすべては、日本語のみで行うことが強制された。最終的には、すべての私学は、朝鮮総督府の認可を得なければならなくなった。

さらに、宗教教団の人事について厳しく監督する「布教規則」が一九一五年に当時の総督府政務総監・山県伊三郎によって出された。教団管理者の認可権とともに解任権を総督府が握ることが法令として決められたのである。[10] 対象教団は、神道、仏教、キリスト教であった。この時、キリスト教を表記するのに、「基督教」という用語が使用された。これは、日本の法令の中で基督教という文字が掲載された最初のことであった（平山［一九九二］、四九七ページ）。

この規則への対応をめぐって、朝鮮のキリスト教徒は割れた。メソジスト（Methodist）は総督府の方針に従う意思を表明したが、長老派（Presbyterians）は抵抗し続けていた（李［二〇〇六］、一一～一二ページ）。メソジスト派の学校は、世俗的エリート養成を主眼としていたことに対して、長老派の学校は、キリスト者の育成に力点を置いていたという違いがあったことが、両者の対応を分けたのかも知れない（李［二〇〇六］、一八九～九二ページ）。

そして、一九一九年三月一日、三・一独立運動が発生した。一九一九年三月一日の独立宣言に署名した三三人のうち、一五人がプロテスタントであった。朝鮮のクリスチャンたちは、第一次世界大戦の平和会議と、ウッドロー・ウィルソンの民族自決論に大いに鼓舞されていた。

朝鮮総督の斎藤実は、その運動が宣教師によって扇動されたものであったとの認識を、翌年に示した（姜徳相［一九六七］、六四七ページ）。それまでの斎藤は、三・一独立運動を鎮めるべく、一時は、騒擾中に、宣教師たちと会合を持ち、彼らを懐柔しようとしていたのだが（朝鮮総督府［一九二二］、三九～四〇ページ）、一九二〇年に入って、その方針を転換し、キリスト教会が、三・一独立運動の主要な組織者であったとして、キリスト教会への苛烈な弾圧を加えるようになったのである。

この弾圧によって、四七ものキリスト教会が破壊された。朝鮮京畿道水原（Gyeonggi-do Suwon）

の提岩里（Jeamli）教会では、閉じ込められた村人が教会ごと焼き殺された。当時、朝鮮のクリスチャンは、人口比で、わずか一・三％しかいなかったのに、三・一事件で検挙された人のうち、クリスチャンは一七・三％もあった。クリスチャンに独立運動家が多かったこともあるが、一九一八年の日本の米騒動で被差別部落の人たちが多く逮捕されたことと、それは通じるものであった。朝鮮におけるクリスチャンが総督府によって狙い撃ちされたのである（韓国基督教歴史研究所［一九九五］、四一ページ、松尾［一九六八b］、四九ページ）。総督府による苛烈な弾圧の模様は、中国に逃れた宣教師たちによって、世界に報じられた（Lee [1984], pp. 338-45）。

当時の本土の日本人は、朝鮮人たちの日本支配に対する怒りを正しく認識していなかった。当時の大正デモクラシーの旗手、吉野作造（よしの・さくぞう）は、三・一独立運動に対する日本人の反応の鈍さに憤りを示した。この運動が勃発する前の一九一六年にも、吉野は満州・韓国を視察して、その感想を述べていた。

「一方には汝等は日本国民なりといひ、一方には汝等は普通の日本人と伍する能わざるひくい階級の者なりといふ。斯くの如くにして朝鮮人の同化を求むる、これ豈木に縁つて魚を求むるの如きものではあるまいか」（吉野［一九九五］、二九ページ）。

そして、吉野は、三・一独立運動について、「対外的良心の発揮」というタイトルで激烈な日本の識者批判を展開した。

「今回の暴動が起こつてから、所謂識者階級の之に関する評論はいろいろの新聞雑誌等に現れた。然れども其ほとんど総べてが、他を責むるに急にして自ら反省するの余裕が無い。あれだけの暴動があつても尚ほ少しも覚醒の色を示さないのは、如何に良心の麻痺の深甚なるかを想像すべきである」（吉野［一九九五］、五八ページ）。

米国の宣教師たちが、純粋に朝鮮人の独立を支援したと断定することは甘すぎるだろう。宣教師たちの背後には、それぞれの母国政府の政治的思惑が働いていたことは否定できないからである。一九〇九年二月一六日付『朝日新聞』（一九〇八年一〇月一日に大阪朝日新聞と東京朝日新聞が合併）には、米国宣教師たちが、韓国人の反日感情を煽っているという一進会の指導者・宋秉畯の激しいキリスト教批判を掲載した。

この記事が出されたことに対して、当時の駐日米国大使のエドワード・オブライエン（Edward C. O'Brien）は、ただちに伊藤博文に抗議したが、伊藤はその抗議にかなり動揺していたと、英国の通信員が英国外務大臣に報告している（F. O. [1909], 371/646; Lone [1991], p. 157）。

いずれにせよ、三・一独立運動の背景には、米国政府の後押しを受けた米国人宣教師であると睨んだ朝鮮総督府が徹底的な弾圧をクリスチャンに加えた事件は、日本非難の格好の材料を列強に与えた。騒動鎮圧の不首尾を糾弾された朝鮮総督・長谷川好道と政務総監・山県伊三郎が辞任した（徳富［一九二九］、三五四ページ）。以後、総督府は、朝鮮人の慰撫政策を日本と朝鮮とは、誕生時から同じ神を戴いているという「同祖論」と「内鮮一体化論」（内地の日本と朝鮮は同じ民族であるという宣伝）を強引に展開するようになった（金［一九八四］、一八七～八八ページ）。

七　神道による内鮮一体化の試み

朝鮮人民に独立意欲を駆り立てるキリスト教に対抗して意識的に打ち出されたのが、「日朝同祖論」だった。使われたのは、素戔嗚尊（すさのおのみこと）神話であった。新羅に降誕した日本神話の素戔嗚尊が、朝鮮の始祖・壇君（Tangun）のことであるという論法が執拗に語られた。あるいは、素戔嗚尊は、出雲と朝鮮を往復していた「漂白神」であり、朝鮮を開拓した神であるという説も動員された（菅［二〇〇四］、三五二ページ）。

壇君は、紀元前二三三三年に朝鮮を建国したという朝鮮神話上の神である。壇君は、人間の女になった熊と神との間で生まれた人間で、朝鮮を開いた始祖であるとの神話が朝鮮にはある(http://cookpad.com/diary/1096944)。

いずれにせよ、明治時代の日本側の日朝同祖論は、朝鮮の独立を阻止すべく、同じ始祖を持つのだから、朝鮮は弟として日本とつき合うべきであると、懸命になって朝鮮民族を説得するものであった。

三・一独立運動の四か月後、朝鮮神社の設立方針が公表された。そこでは、天照大神（あまてらすおおみかみ）と明治天皇が祭神であった。天照大神は日本と朝鮮を創った皇祖神であり、日朝の両方の始祖である。明治天皇は、分裂していた両民族を併合という形で再統合した神であるとの解釈を日本政府は強引に打ち出した。皇祖神たる天照大神は日朝民族の祖であり、帝国の祖が明治天皇である。このような二神を祀る朝鮮神宮こそは、伊勢神宮と明治神宮とを合わせ持つ中心神宮であるとされたのである（菅［二〇〇四］、三五五ページ）。

そして、京畿道（Gyeonggi-do）京城府（Kyongsong-pu）南山（Namsan）に、九二〇〇坪の境内、一〇万坪の神域という広大な朝鮮神宮が創建されたのである。官幣大社朝鮮神宮の鎮座式は、一九二五年一〇月一五日に挙行された。朝鮮支配の重要人物たちが列席したという（横田［一九二六］、四八～五〇ページ）。朝鮮人の氏子（うじこ）作りにも朝鮮総督府は熱心であった（菅［二〇〇四］、一六七ページ）。

当時の朝鮮総督・斎藤実は、神道は宗教ではなく、祖先崇拝の証であるとの詭弁を弄して、祖先崇拝の名の下に、朝鮮人も神社に参拝すべきであるとして、天皇を頂点とする先祖崇拝を朝鮮人に強制したのである。

一九四五年までに朝鮮には一一四〇もの神社があったと言われている。神社への参拝強要が、朝鮮人には日本による支配の象徴として映っていたのである（Vos［1977］, SS. 218-24）。新設された日本の海外神社は、朝鮮人のナショナリズムにとっての呪い（anathema）であった（Copplestone［1973］, p. 1195）。

朝鮮神宮に参拝する朝鮮人の数は、加速度的に増加した。一九三三年には五五万人、一九三六年には一一七万人、一九三七年には二〇〇〇万人、そして一九三八年には二六九〇万人という激増ぶりであった（国立文書館［一九三九］、二A・一二・類二二七五、菅［二〇〇四］、三六一ページ）。

東アジアにおける日本の軍事的プレゼンスの強大化と軌を一にした参拝者の激増は、朝鮮人の日本の神道への宗教的帰依が強まったからであるとして開き直ることを許さない数値である。強制参拝という冷厳な事実が、内鮮一体化＝同祖論の内実であった。

世界の日本批判の反応にひるんだ総督府は、一時的にではあるがミッション・スクールの懐柔策を出した。一九二〇年には、宗教教育に限り、朝鮮語使用が認められた。しかし、一九二三年には、総督府が認可した「認可学校」よりも一段と低いレベルであるとする「指定学校」という範疇を新たに作った。そして、ミッション・スクールは指定学校に区分されることになった。これまで「認可学校」であったミッション・スクールは、新たに、「指定学校」として指定されるために総統府に申請しなければならなくなった。ただし、指定学校ですら指定を受けることが難しく、無事に指定学校になっても、公式の認定学校よりも一段低く評価されることになった。これは韓国人子弟のミッション・スクール熱を冷まさせる意図を狙ったものであった（Clark, Allen [1971], pp. 190-96）。

しかし、依然として、クリスチャンたちは、日本政府にとって脅威であった。そして、キリスト教に対抗すべく積極的に動員されたのが、国家神道であった。

韓国における最初の神社は、一八八三年、仁川（Inchon）に設立された天照大神神社であるが、これは、厳密な意味での国家神道ではなかった。韓国に居住する日本人が民間レベルで設立したものだからである。

民間レベルではなく、国家が全面的に普及に乗り出したのが国家神道である。国家神道は、宗教の上位に置く一種の国教的な色彩を持つものであった（佐木［一九七二］、二七〇ページ）。大日本帝国憲法では文面上は信教の自由が明記されていたが、政府は、上述のように、神道は宗教ではない（神社非宗教論）という解釈を押し通し、官幣社は内務省神社局が所管し、新たな官幣社の造営には公金が投入された。村社以上の社格の神社の例祭には地方官の奉幣が行われた。神道を梃子とする内鮮一体化の試みが本格化したのである。

「海外神社」という用語を創った小笠原省三は、率直に米国からの宣教師の活動が朝鮮人の反日感情を増幅しているとして、神道の朝鮮への導入を本格化すべきであると主張していた。そのためにも、「日鮮同祖論」による「内鮮融和」が必要だと説いた。そして、小笠原は、排日移民法を成立させた米国を「醜悪なヤンキーイズム」と侮蔑していた（小笠原［一九二五］、菅［二〇〇四］、一五五ページ）。

「内鮮一体化」は、一九三〇年代に入って日本の支配層の主たるイデオロギーになった。とくに、一九三五年一月一六日、当時の朝鮮総督・宇垣一成（うがき・かずしげ）は「心田開発」という新造語によって、朝鮮人に、心の田を開発する運動を展開することを呼びかけた。物的生活の向上も大事だが、精神的な豊かさを持つことも大事である。物心両面において安心立命の境地に立って、半島は初めて楽園になるという、まことに得て勝手な思いつき論を臆面もなく現実の政策として実現させたのである。宇垣の命によって、一年後の一九三六年一月一五日、「心田開発委員会」が設置された。この委員会が神社への強制参拝の推進者になったのである（菅

[二〇〇四]、一七四～七五ページ)。

さらに、一九三八年四月、朝鮮総督・南次郎が、「内鮮一体化」を口実として、盧溝橋事件(一九三七年七月七日、七七事変=Qi Qi Shibian)一周年の一九三八年七月七日、「国民精神総動員朝鮮連盟」を結成した。この連盟は、各団体ごとに神社に強制参拝させる大きな力を発揮した(菅[二〇〇四]、一八七ページ)。

御神体などが祀られている祠(ほこら)や社(やしろ)など、神道の形式に則って御神体が祀られている施設を神祠(しんし)というが、この神祠が、一九三九年以降、猛烈な勢いで朝鮮で創設された。菅が引用している資料によれば(菅[二〇〇四]、一八六ページ。原資料は、『朝鮮総督府官報』、韓国学文献研究所覆刻版、彙報欄)、一九一七～一九二六年までに創設された神祠は七〇であったのに、一九二七～一九三六の次の一〇年間には、一八二になった。その後、加速度的に増え、日中戦争に突入して行く時代になると、一九三九～一九四一年のわずか三年間で四五五も設立されたのである。如何に日本の権力者が、神道による内鮮一体化に血道を上げていたかが、この数値によって窺い知ることができる。

当時、日本の権力者たちが重用していた日本の知性は、こうした精神総動員運動を賛美していた。例えば、柳田国男は書いた。

「日本の二千六百年は、ほとんど一続きの移住拓殖の歴史だったと言ってもよい。最近の北海道・樺太・台湾・朝鮮の経営に至るまで、つねに隅々の空野に分かち送って、新たなる村を創出せしめる努力があったことは、ことごとく記録の上で証明せられてゐる。神をミテグラによって迎え奉ることがもしできなかったら、どのくらい我々の生活は寂しかったかも知れない。だから今でもその心持ちが、朝鮮神社となり、また北満神社となって展開しているのである」（柳田［一九四二、八七〜八八ページ］）。

ここで、「ミテグラ」と呼ばれているものは、「幣帛」と書く玉串のことであり、榊（さかき）に紙垂（かみしで）をつけて神に捧げるための供え物で、神への恭順の心を表し、神とのつながりを確認するためのものである。紙垂は神の衣を、榊は神の繁栄を表す象徴である。柳田は、朝鮮神宮に対して無邪気に高い評価を与えているのである。

八　神社参拝を拒否した朝鮮のミッション・スクール

こうした日本の権力者による内鮮化政策には、キリスト教宣教師たちが、当然だが、反対していた。一九二四年一〇月、中清南道（Chungcheongnam-do）江景（Ganggyeong）普通学校で神社参拝が問題となった。これを『東亜日報』が一九二五年三月一八日・一九日に「強制参拝」問題というタイトルで掲載し、教育現場における神社への強制参拝を批判した。ただし、まだこの時点では、朝鮮総督は、宣教師の批判をあまり気にしていなかった（韓［一九八八］、一六〇～六二ページ）。

神社参拝を拒否するミッション・スクールと宣教師たちの職を奪うという大弾圧が恒常的に行われるようになったのは、一九三〇年代に入ってからであった。平壌（Pyeongyang）にあった朝鮮における最初のミッション系四年制大学であった元、連合崇実（Soongsil）カレッジ（Union Christian College＝戦後は崇実大学＝SSUとして復帰）で、当時は専門学校に格下げさせられていた崇実学校の校長・ジョージ・マッカン（George S. McCune）博士が一九三五年に朝鮮から退去させられた（Grayson [1993], p. 20）。

この連合崇実カレッジは、韓国・朝鮮におけるミッション・スクールとしては最大の成功例であった。これは、韓国における二大プロテスタントの長老派とメソジストの共同事業であったからでもある。韓国の布教活動で大きな足跡を残したウィリアム・ベアード（William M. Baird）によって創設された。米国インディアナ州出身（一八六二年生まれ）のベアードは、米国北部長老派教会（Northern Presbyterian Church of America）の宣教師として、一八九一年九月、釜山（Busan）に上陸し、自宅で教育を始めた（http://www.soongsil.ac.kr/english/general/gen_history.html）。一八九七年、平壌に移り、そこでも、自宅で教育した。これを舎廊房（Sarangbang、サランバン）教室（Class）という。「サランバン」とは、韓国語で「主人の居間を兼ねた客間のこと」であり、また、「サラン」は「愛」を指す言葉である（http://blog.livedoor.jp/hangyoreh/archives/52625.html）。これが一九〇一年一〇月に平壌における長老派の学校、四年制の高等学校、崇実学堂（Soongsil Hakdang）に結実する。「崇実」とは、SSUのウェブ・サイトによれば、「真実と尊厳の祈り」（worship of the truth and integrity）を意味する。それは科学的な心理と成熟した敬虔な精神を目標としていると説明されている（http://www.soongsil.ac.kr/english/general/gen_history.html）。ベアードは、学校は単なる慈善事業ではなく、完全に教会の基盤の上で運営されること、つまり、クリスチャン養成を使命としていた（李［二〇〇六］、六四〜六五ページ）。

一九〇五年、崇実学堂は、崇実高校（Soongsil Junior High School）と崇実カレッジ（Soongsil College）に分離した。そして、一九〇六年、メソジストの宣教師がカレッジの運営に加わり、カレッジは、一九〇八年に上述の連合崇実カレッジと呼ばれるようになった。連合（Union）という名称があるのは、長老派とメソジストとが合同でこのカレッジを運営したからである[11]。

二〇世紀に入って、プロテスタントを中心とするキリスト教の教会一致運動が、欧米で起こった。これをエキュメニカル運動（Ecumenical Movement）といい、「世界教会一致運動」と訳される。キリスト教の超教派による対話と和解を目指す主義をエキュメニズム（Ecumenism、世界教会主義）という。

そして、一九一二年三月、朝鮮総督府はこのカレッジを正式に認可した。朝鮮初の正式認可されたカレッジであった。同時に、このカレッジの運営に、北部伝道本部だけでなく、北米南部長老派教会伝道本部（Southern Presbyterian Church Mission of North of America）も加わることになった。

しかし、崇実学堂は、民主主義、民族独立、革新の三原則の維持を標榜して、総督府に対立していた。そのために、正式に認可されたとはいえ、常に当局の監視下にさらされていた。一九一二年という認可されたまさにその時に、いわゆる一〇五人事件の嫌疑で多くの学生・教師が総督府に拘束された（本稿、注9、参照）。

戦闘的な長老派と袂を分かつべく、メソジストは、一九一四年に同校の運営から身を引いた（李［二〇〇六］、一三五〜三六ページ）。

一九一九年の三・一独立運動にも、このカレッジの全校生徒が参加し、教師と生徒の多くが拘束されることになった。

一九二五年、総督府は、崇実カレッジを大学から各種専門学校に格下げした。これに対して、崇実側は、朝鮮初の三年制の農学教科の新設を申請した。そして、一九二八年九月、先述のマッカンが学長になった。一九三一年には農学部の新設が許可された。しかし、マッカン校長が退去させられた後、一九三六年、米国北部長老教会の宣教本部（mission headquarters）が、総督府の宗教政策に反対して同会が運営する学校閉鎖を決定した。一九三八年三月、崇実校は、最後の卒業生を送り出して閉校となった。総督府による神社参拝に強力に反抗し続けていた崇実校も、三九年の歴史を閉じたのである（http://www.soongsil.ac.kr/english/general/gen_history.html）。

北部米国長老派の朝鮮における学校閉鎖の決定を受けて、南部長老派も、一九三七年九月、同じく朝鮮における学校を閉鎖した。

しかし、ミッション系の学校教育を完全に閉じてしまっていいのかとの論争がクリスチャンの間で闘わされた。一九三七年、朝鮮のメソジストは神道祭礼に形式的に参加することによって、学校を残す方針を採った。その方針は、翌、一九三八年六月、本国の伝道本部の承認を得た。神社参拝は信仰のためではなく、愛国的表現であるとの総督府の言い分を認めたのである。ただし、この方針は、朝鮮人の愛国心を逆撫でするものであった（Copplestone [1973], p. 1196）。

メソジストよりも強硬派であった長老派に対しては、総督府は、猛烈な弾圧を加えた。一九三八年の韓国長老派教会総会は、日本の官憲の厳しい監視下で開催された。しかし、こともあろうに、そこで、神社参拝が決議されてしまったのである。反対意見を陳述できる雰囲気ではなかった。それは、韓国併合条約調印が武力による威圧下で実施された時の状況と同じであった（Blair & Hunt [1977], pp. 92-95）。

融和的な姿勢を取っていた韓国メソジスト教会は自主規制策として、一九四〇年末、反日的・親米的傾向を持つ牧師たちを休職させ、一九四四年には旧約聖書と「ヨハネ黙示録」（Revelations of St. John）を禁書とした。それが政治的な破壊活動に資する恐れがあるというのが理由であった

(Sauer [1973], pp. 101-109)。

他方、一九〇八年のプロテスタント教会間の「棲み分け合意」(Comity Agreement of 1908) によって、朝鮮半島の北部に布教拠点を置くことが決められていた長老派は、半島南部の妥協的なメソジストに反発して、新天地、満州に拠点を移していた (Clark, Donald [1986], p. 13)。それは、ナチス・ドイツに反抗する「告白教会」(Confessing Church, Bekennende Kirche) を彷彿とさせるものであった。(12)

ところが、朝鮮総督府によるクリスチャン弾圧に対して、日本のクリスチャンは激しい抗議の声を上げることができなかった。愛国心がないと政府から嫌疑を受けて、教会が攻撃されることを恐れていたからである (Best [1966]: Copplestone [1973], p. 1197)。一八九一年に起きた内村鑑三の不敬事件についても、(13) 日本のクリスチャンたちが激しい抗議を示さなかったのも、当局によるキリスト教会への弾圧を恐れたからであった (Caldarola [1979], p. 169)。

おわりに

神職の小笠原省三は言った。

「日本人のあるところ必ず神社あり。神社のあるところまた日本人があった」（小笠原［一九五三］、三ページ）。

そして、敗戦。一六〇〇社あった海外神社のほとんどが廃絶された。

「終戦と共に暴民の襲撃を真っ先に被ったものも亦神社であったことを知らねばならない。…社殿は焼かれ財物は略奪された。中には奉仕神職及び家族が殉職した神社もある。…海外神社は遂に壊滅したのである（小笠原［一九五三］、四ページ）。

朝鮮における日本の神社への強制参拝に対する告発は、数多く出されていた。中でもD・C・ホルトン（Holton）の著作は、連合軍の対日占領政策に大きな影響力を持った（Holton［1943］）。占領下の日本の「神道指令」はこの書をテキストにしたものである。

「神道指令」とは、一九四五年一二月一五日に連合国軍最高司令官総司令部（General Headquarters＝ＧＨＱ）による「国家神道、神社神道ニ対スル政府ノ保証、支援、保全、監督並ニ弘布ノ廃止ニ関スル件」という覚書のことである。信教の自由、軍国主義の排除、国家神道の廃止が指令された。「大東亜戦争」とか「八紘一宇」の用語も使用禁止になった（http://www004.upp.so-net.ne.jp/teikoku-denmo/html/history/kaisetsu/other/shinto_shirei.html）。

韓国併合前後の東アジアを巡る国際関係を振り返る時、日本を悲惨な壊滅に導いた太平洋戦争は、強引な韓国併合に大きな原因があったことが分かる。歴史は常に複雑な要素を包み込んで進行するものなので、一刀両断的な歴史解釈は危険である。それでも、韓国併合とは何だったのかは問い続けられなければならない重要問題である。何故、強大国・米国に日本が戦争を仕掛けたのかという問いも大事だが、何故、韓国を併合しなければならなかったのかの問いの方がはるかに重大な意味を持つ。韓国を併合したいために清と、そしてロシアと、戦争をした。併合した韓国の利権を守るために、満州、華北をも統治下に置こうとした。当然、列強の反発を買う。反発を乗り切るべく、列強間の亀裂を利用した駆け引きに終始したのが当時の日本の外交であった。当然、友人はいなくなってしまった。世界からの冷たい視線に耐える唯一の支えが、「神国日本」という幻想であった。神が常にわが日本の危機を救ってくれるという逃避的思い込みに、権力者も多くの市井の人も耽溺していた。当時、隣国・韓国の歴史・文化・心を真剣に学ぼうとする日本人は少なかった。時代への抗議の文は、非常に少ない。

日本人は、文化を伝えてくれた師たちを輩出してきた地、私たちの父祖の地の人々の心をついにつかめなかった。日本の権力者を批判することはたやすい。しかし、彼らを権力の座に押し上げたのは日本の庶民である。韓国併合一〇〇周年。同じことを私たち日本人は繰り返している。

専門家だけでなく、素人も、自己の生活感覚に基づいて時代に異議申し立てをしなければならない時がある。いま、自分たちが冒してしまった行動に対する自省を言葉にしなければ、私たち日本人はかなりの長期に亘って、歴史の闇に押し込められることになるだろう。時代は、私たち日本人に対して苛酷な試練を与えている。こんな大事な時に、「坂の上の雲」？

（付記。私の怒りを真正面から受け止めて下さった、御茶の水書房社長の橋本盛作氏の心意気に感謝する。今冬、同社より拙編著『韓国併合・一九一〇年』（仮題）が上梓される予定である）

注

（1）朝鮮（Chosun）と韓国（Hanguk）との呼称について記す。李氏（I-si）朝鮮は、一三九二年、高麗（Goryeo）の武将、李成桂（Yi Seong Gye）太祖（Taejo）が恭譲（Gongyang）王を廃して、自ら高麗王に即いたことで成立した。李成桂は、翌一三九三年に中国の明（Ming）から朝鮮という名称を付与され（権知朝鮮国事）、国号をそれまでの高麗から朝鮮に改めた。一四〇一年、太宗（Taejong）が明から朝鮮国王として冊封を受けた。そして、日清戦争終結後、日本と清（Qing）国との間での下関条約によって、朝鮮に対する清王朝の冊封体制が廃止され、朝鮮は一八九七年に国号を大韓帝国（韓国）に改められた。朝鮮国王も韓国皇帝に改称された。しかし、一九一〇年の「韓国併合に関する条約」によって、韓国は日本に併合させられてしまった。この時の韓国は、いまの朝鮮人民民主主義共和国を含む半島全体の呼称だった。従って、併合は朝鮮・韓国併合ではなく韓国併合が正しい。ちなみに、日韓併合という用語は通称である。

（2）ハングルへの翻訳に携わったのは、スコットランド出身で、満州に赴任していたジョン・ロス（John Ross）であった（Grayson［1984］）。

（3）韓国併合前までの韓国におけるミッション・スクールについては、Paik［1919］がある。韓国でキリスト教が急速に普及した理由についての論争史については、Grayson［1985］に詳しい。

（4）一進会は、一九〇四年から一九一〇年まで韓国で活動していた当時最大の政治結社。宮廷での権力闘争に幻滅し、外国勢力の力を借りてでも韓国の近代化を実現させようとする「開化派」の人々が設立した団体。日清・日露戦争に勝利した日本に接近し、日本政府から特別の庇護を受けた。日本と韓国の対等な連邦である韓日合邦（日韓併合とは異なる）を唱えた。韓国併合後、統監府から金銭取引を行った後、解散した（http://d.hatena.ne.jp/keyword/%88%EA%90i%89%EF）。

一進会の創始者、宋秉畯（一八五七〜一九二五年）は、一八七三年から司憲府（Sahonbu）に務めた後、一八八四年、密命を受けて金玉均暗殺目的で日本に渡ったが、逆に説得されて金の同志になった。日露戦争時に、日本軍の通訳として親日に転向し、一進会を組織した。一九〇七年のハーグ密使事件の際には、高宗皇帝譲位運動を展開、高宗を退位に追い込んだ。同年、李完用内閣が成立すると、農商工部大臣・内相を勧めながら、「韓日合邦を要求する声明書」を曾禰荒助（そね・あらすけ）統監、李完用首相に提出した。

併合後は、日本政府から朝鮮貴族として子爵に列せられ、朝鮮総督府中枢院顧問になり、後に伯爵となった。没後に正三位勲一等を追贈された（http://ja.wikipedia.org/wiki/%E5%AE%8B%E7%A7%89%E7%95%AF）。

（5）尹致昊（一八六五～一九四五年）は、李氏朝鮮末期の政治家。韓国併合後に男爵（朝鮮貴族）・貴族院議員。一八八一年、朝鮮初の日本留学生（慶應義塾に留学）。帰国後、甲申政変に開化派として参加するが、開化派が敗北すると上海に逃れた後に米国に留学。上海滞在時にメソジストの洗礼を受けたが、米国留学時に苛酷な人種差別を受けたと言われている。帰国後、一八九六年に独立協会（Tongnip Hyeophoe）を結成。『独立新聞』（Tongnip Sinmun）を創刊し、朝鮮人による自力の近代化を説いた。やがて政権に迎えられ、第一次日韓協約締結時には外部大臣署理を務めた。韓国併合後、一九一一年に一〇五人事件（本稿、注9、参照）の首謀者として起訴され、男爵位を剥奪されるが、一九一五年に親日派に転向して釈放される。三・一独立運動が勃発した際にも「もし弱者が強者に対して無鉄砲に食って掛かったら強者の怒りを買って結局弱者自体に累が及ぶ」と否定的なコメントを残している。その一方で熱心なクリスチャンだったため、朝鮮キリスト教界の最高元老としても影響力を保持していた。また、彼の説いた「実力養成論」は後の独立運動家にも多大な影響を残し、一方で民族資本家や民族教育機関を育てる契機にもなった。一九四五年の日本の敗戦によって、それまでの親日的姿勢・行為を糾弾されたために自殺した（梁［一九九六］、参照）。

（6）『京城日報』は、一九〇五年の日露講話のポーツマス条約によって、日本の支配下に置かれた韓国で、京城（Gyeong-seong）に設置された朝鮮統監府の機関紙として創刊された新聞である。初代統監に就任した伊藤博文は、韓国統治に必要な有力新聞が必要であるとして、旧日本公使館機関紙『漢城新報』（一八九五年創刊）と『大同新報』（一九〇四年創刊）を買収統合、統監府の機関紙として『京城日報』を一九〇六年九月一日に創刊した。初代社長は大阪朝日新聞出身の伊東祐侃（ゆうかん）。一九一〇年の韓国併合により、統監府は総督府に改組され、朝鮮統治における『京城日報』の役割を拡大させるべく、『國民新聞』社長の徳富蘇峰（猪一郎）を監督として迎えている。日本の敗戦により、一九四五年一〇月三一日をもって日本人の手を離れて韓国人が事業を引き継いだが、同年、一二月一一日付を最後に廃刊となった（http://newspark.jp/newspark/data/pdf_siryou/c_34.pdf）。親日的指向の強い論調を張っていて、社長の任命や運営に関しても、総督府が主導権を握っていた。『朝鮮日報』や『東亜日報』など民間紙と比較しても、規模や影響力は大きかった

（李［二〇〇六］）。

（7）内田良平（一八七四～一九三七年）。福岡県出身。頭山満（とうやま・みつる）の門下生であった叔父の平岡浩太郎によって創設された「玄洋社」に入り、一八九四年に「東学党の乱」が発生するや、玄洋社の青年行動隊として韓国に渡り、これに参加した。フィリピン独立運動、中国革命の支援運動などにも参加。一九〇一年一月、「黒龍会」を設立し、一九三一年には「大日本生産党」を結成し、総裁となった。黒龍会は、玄洋社と並ぶ右翼運動の思想的源流となった（http://d.hatena.ne.jp/keyword/%C6%E2%C5%C4%CE%C9%CA%BF）。韓国の農業近代化に打ち込むべきであると、内田は、伊藤統監と一進会を説得したらしい（Lone [1988], pp. 117-20）。

木内重四郎（一八六六～一九二五年）。千葉県出身。法制局参事官試補、貴族院内務省、農商務省商工局長を歴任後、統監府農商工部長官になる。総督府を依頼免官後、貴族院議員となる。一九一六年京都府知事となるが、汚職の嫌疑、いわゆる「豚箱事件」で収監されるが無罪となる（http://kotobank.jp/word/%E6%9C%A8%E5%86%85%E9%87%8D%E5%9B%9B%E9%83%8E）。

杉山茂丸（一八六四～一九三五年）。福岡県生まれ、夢野久作（ゆめの・きゅうさく、本名・杉山直樹）の父。自由民権運動で頭山満と出会い玄洋社結成を助ける。日露戦争中にレーニンの帰国を計画し成功させるなど、明治維新以後の内外の大事件や運動の多くに関係していた。公職に就くことなく、あくまで黒幕として政財界で活躍した（http://kotobank.jp/word/%E6%9D%89%E5%B1%B1%E8%8C%82%E4%B8%B8）。

（8）当時の米国資本は、日本が得た満州の権益に割り込もうと活発な政治工作を展開していた。まず、米陸軍長官のウィリアム・ハワード・タフト（William Howard Taft）が、フィリピン訪問の帰途、一九〇五年七月二七日に来日し、日本の内閣総理大臣兼臨時外務大臣であった桂太郎と会談した。小村寿太郎がポーツマス条約締結のために、米国に出張していたので、桂が臨時外務大臣を務めていたのである。「桂・タフト協定」が両者間で交わされた（日付は七月二九日）。それによれば、米国は韓国における日本の支配権を確認し、交換条件として、日本は米国のフィリピンの支配権を確認した。しかし、これは、正式の協定ではなく、両者の秘密合意であったので、一九二四年まで公表されなかった。さらに、東アジアの秩序は、日、米、英の三国による事実上の同盟によって守られるべきであるとされた。桂は、この時に、韓国が日露戦争の原因であると明言した。そして、韓国政府を単独で放置し、他国と協定を結ぶことを許してしまえば、日本が再度、別の外国との戦争に巻き込まれることになるだろうとも述べた（長田［一九九二］、参照）。

ポトマック河畔の桜は、タフトが大統領になり、その在職中に東京市長・尾崎行雄から贈られたものである。

タフトの訪日に続いて一九〇五年八月三一日に来日したハリマンは、単に南満州鉄道を買収するだけでなく、それを起点にシベリア鉄道を経てヨーロッパへ、さらに汽船連絡によって世界一周鉄道を実現するという壮大な構想を持っていた。

当時日本の政府には日露戦争の結果得た満州の権益を自力で経営する自信がなく、元老をはじめ桂内閣も米国資本の導入を渡りに船と歓迎したのである。話合いは、順調に進み、一九〇五年一〇月一五日には、日米平等のシンジケートを経営体とする南満州鉄道運営に関する予備覚書が、桂首相とハリマンの間に交換された。ハリマンは喜び勇んで帰国の船に乗った。しかし、ポーツマス講和会議から入れ替わりに帰国した首席全権・小村寿太郎は、これに猛然と反対し、ついにその契約を破棄させた。満鉄の自主経営を可能にする資金の手当がモルガン系銀行によって保証される約束を小村が得ていたからである。ハリマンは船がまだサンフランシスコへ着く前に、予備協定破棄を電報で知らされて激怒した（袖井［二〇〇四］、一五ページ）。

（9）周知の史実であるが、韓国併合に関する基礎的な流れを簡単に整理しておきたい。①一九〇四年。日露戦争中の二月二三日、「日韓議定書」。日本が韓国施政忠告権や臨検収用権などを確保した。八月二二日、「第一次日韓協約」。韓国政府は、日本政府の推薦者を韓国政府の財政・外交の顧問に任命しなければならなくなった。②一九〇五年。高宗（Kojong）はこれをよしとせず、三月にロシアに、七月にロシアとフランスに、一〇月に米、英に密使を送る。日本政府は、大韓帝国には、外交案件について日本政府と協議の上、決定・処理しなければならないとしていた同条約を遵守する意志がないと考えた。日露戦争終結後の一一月一七日、「第二次日韓協約」。韓国の外交権はほぼ日本に接収されることとなり、事実上保護国となった。締結乙巳の年に締結したという意味で乙巳條約、乙巳五條約、乙巳保護条約、乙巳勒約と呼んだりする。締結当時の正式名称は「日韓交渉条約」。一二月二一日、漢城に統監府設置。③一九〇七年。七月一八日、ハーグ密使事件の発覚によって、日本政府は、高宗を退位させた。七月二四日、「第三次日韓協約」。高級官吏の任免権を日本の韓国統監が掌握すること、韓国政府の官吏に日本人を登用できることなどが定められた。これによって、朝鮮の内政は完全に日本の管轄下に入った。また非公開の取り決めで、韓国軍の解散、司法権と警察権の日本側への委任が定められた。④一九〇九年。六月一四日、韓国統監の伊藤博文が枢密院議長になり、副統監の曾禰荒助が統監になった。七月六日、適当な時期に韓国併合を断行する方針及び対韓施設大綱の閣議決定。憲兵・警察官の増派、日本人官吏の権限拡張が内容。七月二六日、「韓国政府の中央金融機関としての韓国銀行の設置を承認する」という日韓覚書。一〇月一八日、「警察署長・分署長に、拘留・科料以下の罪につき即決権を与える」という犯罪即決令公布。一〇月二六日、ロシア外相と会談のためハルビン駅に到着した伊藤博文（六九歳）が韓国人のクリスチャン、安重根（三一歳）に射殺された。⑤一九一〇年。三月二六日、安重根の死刑執行（三二歳）。二月二八日、小村寿太郎外相により在外使臣（外国駐在日本大使）に対し、「韓国併合方針及び施設大綱」を通報。五月三〇日、陸軍大臣、寺内正毅が韓国統監兼務。八月一六日、寺内正毅統監が韓国首相の李完用に韓国併合に関する覚書を交付。八月二二日、「韓国併合に関する条約」調印。「韓国皇帝が韓国の統治権を完全かつ永久に日本国天皇に譲渡する」ことなどを規定。八月二九日、韓国の国号を朝鮮と改称し、漢城を改称した京城に、朝鮮総督府を設置、当分の間、統監府も併置。八月二九日、「法律を要する事項を総督の命令で規定することを認める」法令公布。九月一二日、韓国統監府は、朝鮮の全政治結社を解散させる方針により、一進会に解散を命じ、解散費一五万円を支給。九月三〇日、「総督は陸海軍大将とし他に政務統監を設置する」という朝鮮総督府官制を公布。九月三〇日、朝鮮総督府臨時土地調査局官制公布。一〇月一日、三代目の韓国統監の寺内正毅が初代朝鮮総督。寺内正毅は陸軍大臣も兼任。一二月二九日、朝鮮における会社設立には、朝鮮総督府の許可制とするという朝鮮総督府による会社令制定、当然、朝鮮人に不利。⑥一九一一年。四月一七日、朝鮮総督府が、所属不明の土地を国有地として没収し、日本人の地主・土地会社へ払い下げるという土地収用令制定、その結果、朝鮮人農民は土地を失い没落。六月、朝鮮総督暗殺計画発覚、米国人宣教師との関係が問題となった（一〇五人事件、宣川事件）。七月一三日、「米国を協約の対象から除く」という内容の第三回日英同盟協約調印。⑦一九一二年。七月八日、特殊利益地域の分界線を内蒙古まで延長し、東側を日本、西側をロシアとするという内容の第三回日露協約調印。⑧一九一四年。七月二八日、第一次世界大戦勃発。⑨一九一六年。七月四日、「中国が第三国の政事的掌握に陥るのを防ぐために相互軍事援助を行う」という内容の第四回日露協約調印。⑩一九一七年。一一月、ロシア一〇月革命。⑪一九一八年。八月二日、シベリア出兵宣言。八月三日、米騒動。⑫一九一九年。一月一八日、パリ講和会議。三月一日、京城・平壌などで朝鮮独立宣言が発表。示威運動は朝鮮全土に拡大（三・一独立運動、万歳事件）。四月八日、陸軍省は、朝鮮の騒擾を鎮圧するため、内地より六個大隊と憲兵四〇〇人の増派を発表。四月一〇日、朝鮮の民族主義者は、上海に大韓民国臨時政府を樹立、国務総理には李承晩（Rhee Syng Man）。四月一二日、関東庁官制・関東軍司令部条例の公示。関東都督府の廃止、関東庁の設置、初代関東長官に林権助（はやし・ごんすけ）、関東州と満鉄の警備に都督府の陸軍部を独立させて関東軍の設置、関東軍司令官に立花小一郎（たちばな・こいちろう）、司令部は旅順（Lushun）、兵力は一個師団一万人。四月一五日、朝鮮総督府は、政治に関する犯罪処罰の件を制定、その内容は、「政治変革をめざす大衆行動とその扇動と厳罰に処する」というもの。五月五日、間島（Kan-do）日本領事館放火される。六月四日、朝鮮における日本の常備師団は二一個師団となった。八月一二日、海軍大将斉藤実を朝鮮総督に任命。九月二日、朝鮮総督の斎藤実、京城南大門（Kyonson Namdemun）駅で爆弾を投ぜられた。犯人は羌宇奎（Gang U Gyu）とされ処刑（岩波書店編集部［一九九一］、参照）。

（10）寺内正毅初代総督は、一九一一年に「寺刹令」（じさつれい）」を発布し、「寺刹の本末関係、僧規、法式その他必要なる寺法は各本寺においてこれを定め朝鮮総督の認可を受くべし」（第三条）として、当時約九〇〇あった朝鮮仏教の寺院を監督下に置いた。朝鮮仏教徒は抵抗した。そして、一九一五年の「布教規則」によって、「朝鮮総督は現に宗教の用に供する教会堂、説教所または講義所の類において安寧秩序をみだすのおそれある所為ありと認むるときはその設立者または管理者にたいしこれが使用を停止または禁止することあるべし」（第一二条）と、すべての宗教を統制しようとしたのである。そして、日本の宗教団体の朝鮮における布教を総督府は後押しし、朝鮮宗教の日本同化を図った。三・一事件は、朝鮮の民俗宗教の天道教（東学）やキリスト教、仏教の指導者が会合して「独立宣言」をまとめたことを発端としている。この宣言文は天道教印刷所で印刷され、宗教組織網で朝鮮の主要都市に運ばれた。この宣言が一九一九年三月一日に発表され朝鮮民衆の独立運動の烽火となった。総督府が、朝鮮人の埋葬慣習を無視し、墓地を取り上げ、荒れ地を共同墓地に指定して墓を移転させたことなどへの朝鮮人の怒りが大きかったと言われている（中濃［一九七六］、http://www.jcp.or.jp/akahata/aik07/2007-12-15/2007121512_01faq_0.html）。

（11）北部長老派は平壌を中心とした平安道（Pyeongan-do）と慶尚北道（Gyeongsangbuk-do）を布教の拠点にし、南部長老派は、全羅道（Jeolla-do）が拠点であった。メソジストは京畿道（Gyeonggi-do）、忠清北道（Chungcheongbuk-do）、江原道（Gangwon-do）南部に拠点を置いていた。このように、米国のプロテスタント教会は地域的な棲み分けを行っていたようである（朝鮮総督府［一九二一］の付録地図参照）。

（12）ブルーダー『嵐の中の教会』という本がある（Bruder［1946］）。ナチス支配下、ドイツのある村の教会の牧師が戦争非協力者として捕えられ、小さな教会は厳しい試練に遭遇した。多くの教会が戦争に加担して行くことになったが、このような戦争をすべきではない。ポーランド人やユダヤ人などの弾圧を止めるべきだと訴えるクリスチャンたちは、告白教会を組織して、地下抵抗運動をも繰り広げた。『嵐の中の教会』には、この村の教会が受けた試練の数々と、聖書の教えに則り、神への信仰によって、苦難を乗り越えて行った様子が書かれている。告白教会は、ドイツ・ルター派（福音ルーテル派）の牧師、ディートリッヒ・ボンヘッファー（Dietrich Bonhoeffer, 1906-1945）によって、一九三四年に結成された"Bekennende Kirche"である。この教会は、ドイツの多くのプロテスタントがナチスに追随したことに反抗して組織されたものである。

（13）米国留学から帰国した一八八八年の二年後の一八九〇年、内村鑑三は第一高等中学校の嘱託教員となった。翌、一八九一年一月九日、講堂での教育勅語奉読式において天皇親筆の署名に対して最敬礼を行わなかったことが同僚や生徒などによって非難された。敬礼はしたのだが、最敬礼でなかったことが不敬事件とされた。この事件によって内村は体調を崩し、二月に依願解嘱した（http://socyo.high.hokudai.ac.jp/LSci07/Uchi2.htm）。

引用文献

李省展［二〇〇六］、『アメリカ人宣教師と朝鮮の近代――ミッションスクールの生成と植民地下の葛藤』社会評論社。

李錬［二〇〇六］、「朝鮮総督府の機関紙『京城日報』の創刊背景とその役割について」、『メディア史研究』二一号、一二月。

池田十吾［一九九四］、『石井・ランシング協定をめぐる日米交渉』近代文芸社。

岩波書店編集部［一九九一］、『近代日本史総合年表』岩波書店。

海野福寿［一九九五］、『韓国併合』岩波書店。

大野謙一［一九三六］、『朝鮮教育問題管見』朝鮮教育会。

小笠原省三［一九二五］、「朝鮮神宮と内鮮融和策の研究」（特集号）、『神道評論』。

小笠原省三編［一九五三］、『海外神社史・上巻』海外神社史編纂会。

小川圭治・池明観編［一九八四］、『日韓キリスト教関係史資料、一八七六～一九二二』新教出版社。

桂太郎［一九五一］、『桂太郎関係文書』、国立国会図書館所蔵。

姜渭祚、沢正彦訳［一九七六］、『日本統治下朝鮮の宗教と政治』聖文社。

姜徳相［一九六六］、『現代史資料二六・朝鮮一』みすず書房。

姜徳相［一九六七］、『現代史資料二六・朝鮮二』みすず書房。

姜在彦［一九八二］、『朝鮮近代史研究』（第二版）日本評論社。初版は一九七〇年。

韓皙曦［一九八八］、『日本の朝鮮支配と宗教政策』未来社。

韓国基督教歴史研究所、韓皙曦・藏田雅彦訳［一九九五］、『韓国キリスト教の受難と抵抗――韓国キリスト教史一九一九―四五』新教出版社。

木田吉勝［一九〇六］、「韓京に神宮を興すの建議に就いて」、内務省神社局［一九〇六］、第五四五号。

金一勉［一九八四］、『天皇と朝鮮人と総督府』田端書店。

金正明編［一九六四］、『日韓外交資料集成』（全一〇巻）巌南堂書店。

国立文書館［一九三六］、『公文類聚』、第六〇編、第五八巻、社寺門・三。

国立文書館［一九三九］、『公文類聚』、二A・一二・類二二七五。

黒龍会［一九六六］、『日韓合邦秘史』（全二巻）原書房、初版は一九三〇年。

小松緑編［一九二七］、『伊藤公全集』（全三巻）伊藤公全集刊行会。

佐伯有義［一九〇五］、『全国神職会会報』、第六九号。

佐伯啓思［二〇一〇］、「日の陰りの中で──歴史『ものがたり』と『論理』」、『産經新聞』、二月一五日、二面。

佐木秋夫［一九七二］、「国家神道」、『世界大百科事典』第一一巻（初版）平凡社。

信夫淳平［一九四二］、『小村寿太郎』（新伝記叢書、第一二巻）新潮社。

信夫清三郎［一九七四］、『日本外交史』（上・下）毎日新聞社。

司馬遼太郎［二〇〇四］、『坂の上の雲』（新装判）文藝春秋社。

菅浩二［二〇〇三］、「日韓合邦悲史──『韓国併合』と内田良平」、内田良平研究会編［二〇〇三］所収。

菅浩二［二〇〇四］、『日本統治下の海外神社──朝鮮神宮・台湾神社と祭神』弘文堂。

袖井林二郎［二〇〇四］、『マッカーサーの二千日』（改訂版）中公文庫。

田代和生［二〇〇二］、『倭館──鎖国時代の日本人町』文春新書。

朝鮮総督府［一九一七］、『朝鮮の保護及び併合』、復刻、緑陰書房、一九六六年。

朝鮮総督府［一九二一］、『朝鮮の統治と基督教』。復刻、青柳綱太郎・朝鮮総督府『韓国植民策、韓国植民案
　内・朝鮮の統治と基督教（韓国併合史研究資料）』龍渓書舎、一九九五年。

高井弘之［二〇〇九］、『検証「坂の上の雲」えひめ教科書裁判を支える会。

寺内正毅［一九六四］、『寺内正毅文書』、国立国会図書館所蔵。

徳富蘇峰編［一九一七］、『公爵桂太郎伝』（上・下）桂公爵記念事業会。

徳富蘇峰編［一九二九］、『素空山縣公伝』山縣公爵伝記編纂会。

富坂キリスト教センター編［一九九五］、『日韓キリスト教関係史資料Ⅱ』新教出版。

内務省神社局［一九〇六］、『神社協会雑誌』。

中塚明［二〇〇九］、『司馬遼太郎の歴史観――その「朝鮮観」と「明治栄光論」を問う』高文社。

長田彰文［一九九二］、『セオドア・ルーズベルトと韓国』未來社。

中濃教篤［一九七六］、『天皇制国家と植民地伝道』国書刊行会。

新渡戸稲造［一九三一］、『偉人群像』実業之日本社。新渡戸稲造全集編集委員会『新渡戸稲造全集』（全二三巻・別巻二巻）教文館、第五巻、一九八四年に所収。

ネルー、ジャワーハルラール、大山聡訳［一九六六］、『父が子に語る世界歴史、第四巻「激動の十九世紀」みすず書房。

馬場恒吾［一九三七］、『木内重四郎伝』ヘラルド社。

平山洋［一九九二］、「朝鮮総督府の宗教政策」、源［一九九二］所収。

藤村道生［一九七三］、『日清戦争』岩波新書。

松尾尊兊［一九六八ａ］、「日本組合教会の朝鮮伝道――日本プロテスタントと朝鮮（一）」、『思想』五二九号。

松尾尊兊［一九六八ｂ］、「三・一運動と日本プロテスタント――日本プロテスタントと朝鮮（二）」、『思想』、五三三号。

源了円編［一九九二］、『国家と宗教』思文閣。

陸奥宗光［一九八三］、中塚明校注『新訂・蹇蹇録』岩波文庫。

村井章介［一九九三］、『中世倭人伝』岩波新書。

明治文化研究会編［一九二九］、『明治文化全集・第二四巻・雑史編』日本評論社。

森山茂徳［一九八七］、『近代日韓関係史研究――朝鮮植民地化と国際関係』東京大学出版会。

柳田国男［一九四二］、『日本の祭』弘文堂。

山辺健太郎［一九六六］、『日韓併合小史』岩波新書。

梁賢惠［一九九六］、『尹致昊と金教臣・その親日と抗日の論理――近代朝鮮における民族的アイデンティティとキリスト教』新教出版社。

尹慶老［一九九〇］、『一〇五人事件と新民會研究』一志社。

横田康［一九二六］、『朝鮮神宮紀』国際情報社。

吉岡吉典［二〇〇九］、『「韓国併合」一〇〇年と日本』新日本出版社。

吉村昭［一九七九］、『ポーツマスの旗――外相・小村寿太郎――』新潮社。

龍頭神社社務所［一九三六］、『龍頭神社史料』、国立公文書館［一九三六］、所蔵
渡辺利夫［二〇一〇］、「正論――『陸奥宗光よ、ふたたび』を思う」、『産經新聞』、二月一五日、九面。

Best, Ernst E. [1966], *Christian Faith and Culture Crisis, The Japanese Case*, E. J. Brill.
Blair, William E. & Bruce F. Hunt [1977], *The Korean Pentecost and the Sufferings Which Followed,* The Banner of Truth Trust.
Bruder, Otto [1946], *Das Dorf auf dem Berge* (Eine Begebenheit. Erzählt von Peter Holzschuh), Evangelischer Verlag (Gebundene Ausgabe). 邦訳、ブルーダー、O、森平太訳、『嵐の中の教会――ヒトラーと戦った教会の物語』新教新書、一九八九年。
Caldarola, Carl [1979], *Christianity: the Japanese Way,* E. J. Brill.
Chung, Chong Wha & J. E. Hoare [1984], *Korean-British Relations: Yesterday, and Tomorrow,* Center for International Studies of Ch'ongju University.
Clark, Allen D. [1971], *A History of the Church in Korea,* Christian Literature Society of Korea.
Clark, Donald N. [1986], *Christianity in Modern Korea,* The Asia Society Asian Agenda Report 5, University Press of America.
Copplestone, J. Tremayne [1973], *History of Methodist Missions,* Vol. 4, The Board of Global Ministries of the United Methodist Church.
Danniels, Roger [1962], *The Politics of Prejudice: The Anti-Japanese Movement in California and the Japanese Exclusion,* University of California Press.
Esthus, Raymond A. [1967], *Theodore Roosevelt and Japan,* University of Washington Press.
F. O. (British Foreign Office Records) [1907]-[1909], Japan Correspondence.

Grayson, James H. [1984],"The Manchurian Connection: The Life and Work of The Rev. Dr. John Ross," in Chun & Hoare [1984].

Grayson, James H. [1985], *Early Buddhism and Christianity in Korea: A Study in the Implantation of Religion*, E. J. Brill.

Grayson, James H. [1990], *Korea: A Religious History*, Oxford University Press; revised edition, Routledge.

Grayson, James H. [1993],"Christianity and State Shinto in Colonial Korea: a Clash of Nationalisms and Religious Beliefs," *Diskus*, Vol. 1, No. 2.

Holton, D. C. [1943], *Modern Japan and Shinto Nationalism*, University of Chicago Press. 邦訳、ホルトム、D・C、深沢長太郎訳、『日本の天皇と神道』、逍遙書院、一九五〇年。

Hunt, Michael H. [1973], *Frontier Defence and the Open Door: Manchuria in Chinese-American Relations, 1895-1911*, Yale University Press.

Keene, Donald [2002], Emperor of Japan: Meiji and His World, 1852–1912, Columbia University Press. 邦訳、キーン、ドナルド、角地幸男訳『明治天皇』（上・下）新潮社、二〇〇一年。

Lee, Ki Baik, translated by Wagner, Edward W. [1984], *A New History of Korea*, Harvard U. P.

Lone, Stewart [1988],"Of 'Collaborators' and Kings: The Ilchinhoe, Korean Court, and Japanese Agricultural-Political Demands During the Russo-Japanese War, 1904–05," *Papers on Far Eastern History*, Vol. 28, September.

Lone, Stewart [1991],"The Japanese Annexation of Korea 1910: The Failure of East Asian Co-Prosperity," *Modern Asian Studies*, Vol. 25, No. 1, February.

Macmurray, John Van Antwerp（Waldron, Arthur, edn）[1991], *How the Peace Was Lost: The 1935 Memorandum: Developments Affecting American Policy in the Far East*（Hoover Archival Documentaries）, Hoover Institute. 邦訳、マクマリー、ジョン（ウォルドン、アーサー編）、北岡伸一訳『平和はいかにして失われたか——大戦前の米中日関係もう一つの選択肢』原書房、一九九七年。

Matsui, Masato [1972],"The Russo-Japanese Agreement of 1907: Its Causes and the Progress of Negotiations," *Modern Asian Studies*, Vol. 6, No. 1.

Paik, Lak Geoon, George, [1929] *The History of Protestant Missions in Korea: 1832 - 1910,* Yonsei University Press, revised edition, 1971.

Sauer, Charles A. [1973], *Methodist in Korea:* 1930-1960, Christian Literature Society of Korea.

Vos, Frits [1977], *Die Religionen Koreas,* Verlag W. Kohlhammer.

著者紹介

本山　美彦（もとやま・よしひこ）

世界経済論専攻。1943年神戸市生まれ。現在、大阪産業大学経済学部教授。京都大学名誉教授。元・福井県立大学経済学部教授。社団法人・国際経済労働研究所理事。元・日本国際経済学会長（1997～99年、（現在、顧問））。元・京都大学大学院経済学研究科長兼経済学部長（2000～02年）。元・日本学術会議第18期第3部（経済学）会員（2000～03年）。

金融モラルの確立を研究テーマにしている。

最近の主な著書に、『倫理なき資本主義の時代』（三嶺書房、1996年）、『売られるアジア』（新書館、2000年）、『ドル化』（シュプリンガーフェアラーク、2001年）、『ＥＳＯＰ――株価資本主義の克服』（シュプリンガーフェアラーク、2003年）、『民営化される戦争』（ナカニシヤ出版、2005年）、『売られ続ける日本、買い漁るアメリカ』（ビジネス社、2006年）、『姿なき占領』（ビジネス社、2007年）、『金融権力』（岩波新書、2008年）、『格付け洗脳とアメリカ支配の終わり』（ビジネス社、2008年）、『集中講義・金融危機後の世界経済を見通すための経済学』（作品社、2009年）、『オバマ現象を解読する――金融人脈と米中融合』（ナカニシヤ出版、2010年）など多数。

韓国併合《かんこくへいごう》と同祖神話《どうそしんわ》の破綻《はたん》
――「雲《くも》」の下《した》の修羅《しゅら》

2010年７月５日　第１版第１刷発行

著　者――本山美彦
発行者――橋本盛作
発行所――株式会社御茶の水書房
〒113-0033　東京都文京区本郷5-30-20　電話　03-5684-0751

組版・印刷／製本――株式会社タスプ

Printed in Japan　ISBN978-4-275-00887-9　C3031